PAL-Prüfungsbuch · Zerspanungsmechaniker/-in

EIGENTUM DER
SALZGITTER FLACHSTAHL
BERUFLICHE BILDUNG
38239 SALZGITTER

PAL-Prüfungsbuch
der PAL = **P**rüfungs-**A**ufgaben- und **L**ehrmittelentwicklungsstelle

Herausgegeben von der
Industrie- und Handelskammer Region Stuttgart

Zertifiziertes Qualitätsmanagement
nach DIN ISO 9001

PAL-Prüfungsbuch
für den schriftlichen Teil der Abschlussprüfung Teil 1

Testaufgaben für die Berufsausbildung
Zerspanungsmechaniker/-in

Erste Auflage

Verlag Dr.-Ing. Paul Christiani GmbH & Co. KG

Bestell-Nr. 69992
ISBN: 978-3-95863-230-1

© 2017 by Verlag Dr.-Ing. Paul Christiani GmbH & Co. KG, Konstanz

Alle Rechte, einschließlich der Fotokopie, Mikrokopie, Verfilmung, Wiedergabe durch Daten-, Bild- und Tonträger jeder Art und des auszugsweisen Nachdrucks, vorbehalten. Nach dem Urheberrechtsgesetz ist die Vervielfältigung urheberrechtlich geschützter Werke oder von Teilen daraus **auch für Zwecke von Unterricht und Ausbildung nicht gestattet,** außer nach Einwilligung des Verlags und ggf. gegen Zahlung einer Gebühr für die Nutzung fremden geistigen Eigentums. Nach dem Urheberrechtsgesetz wird mit **Freiheitsstrafe bis zu einem Jahr oder mit Geldstrafe** bestraft, „wer in anderen als den gesetzlich zugelassenen Fällen ohne Einwilligung des Berechtigten ein Werk vervielfältigt ...".

Zerspanungsmechaniker/-in

Inhaltsverzeichnis

Vorwort 001
Einleitung .... 002 bis 010

Zeichnungen zur Arbeitsaufgabe und den schriftlichen Aufgabenstellungen .... 013 bis 015

Lernfeld 1 – Fertigen von Bauelementen mit handgeführten Werkzeugen

Gebundene Aufgaben .... 019 bis 020
Ungebundene Aufgaben .... 021 bis 022

Lernfeld 2 – Fertigen von Bauelementen mit Maschinen

Gebundene Aufgaben .... 025 bis 027
Ungebundene Aufgaben .... 028 bis 031

Lernfeld 3 – Herstellen von einfachen Baugruppen

Gebundene Aufgaben .... 035 bis 036
Ungebundene Aufgaben .... 037 bis 038

Lernfeld 4 – Warten technischer Systeme

Gebundene Aufgaben .... 041 bis 043
Ungebundene Aufgaben 044

Lernfeld 5 – Herstellen von Bauelementen durch spanende Fertigungsverfahren

Gebundene Aufgaben .... 047 bis 050
Ungebundene Aufgaben .... 051 bis 053

Lernfeld 6 – Warten und Inspizieren von Werkzeugmaschinen

Gebundene Aufgaben .... 057 bis 058
Ungebundene Aufgaben .... 059 bis 060

Lernfeldübergreifende Aufgaben aus den Lernfeldern 1 bis 6

Gebundene Aufgaben .... 063 bis 065
Ungebundene Aufgaben .... 066 bis 068

Anlagen

Lösungsschlüssel für die gebundenen Aufgaben 071
Lösungsvorschläge für die ungebundenen Aufgaben. . . . . 073 bis 077

Anhang

Musteraufgabensatz
Lösungsschablone
Lösungsvorschläge
Markierungsbogen
Hinweise für die Kammer, Richtlinien für den Prüfungsausschuss

Vorwort

Die Industrie- und Handelskammern (IHKs) in der Bundesrepublik Deutschland führen seit über 70 Jahren Abschlussprüfungen in kaufmännischen und gewerblich-technischen Berufen durch.

Über 1100 Vertreter der Arbeitnehmer, Arbeitgeber und Lehrer[1] an berufsbildenden Schulen entwickeln in rund 140 Fachausschüssen und Arbeitskreisen der *Prüfungsaufgaben- und Lehrmittelentwicklungsstelle (PAL) der IHK Region Stuttgart* Aufgaben für die schriftlichen, praktischen und integrierten Zwischen- und Abschlussprüfungen in den gewerblich-technischen Berufen.

Im Bereich Metall ist bei der PAL der Ausbildungsberuf Zerspanungsmechaniker/-in angesiedelt. Auszubildende in diesem Beruf werden folglich mit PAL-Aufgaben geprüft. Um ihnen die Vorbereitung auf die Prüfung zu erleichtern, aber auch Lehrern und Ausbildern die Kontrolle des Lernerfolgs der Auszubildenden zu ermöglichen, hat die PAL mit dem vorliegenden *PAL-Prüfungsbuch Zerspanungsmechaniker/-in* schriftliche Aufgaben aus den Lernfeldern 1 bis 6 unterschiedlichen Typs und verschiedener Schwierigkeitsgrade zusammengestellt.

Anregungen für Verbesserungen und Hinweise auf Fehler nehmen wir gerne entgegen (pal@stuttgart.ihk.de).

Wir wünschen allen Prüflingen viel Erfolg!

Ihre
PAL – Prüfungsaufgaben- und Lehrmittelentwicklungsstelle
der IHK Region Stuttgart

Stuttgart, im März 2017

---

[1] Alle personenbezogenen Bezeichnungen werden aus Gründen der Übersichtlichkeit und einfachen Lesbarkeit nur in einer Geschlechtsform gewählt und gelten gleichermaßen für Frauen und Männer.

Einleitung

1. Gesetzliche Grundlagen

Die Verordnungen über die Berufsausbildung in den gewerblich-technischen Berufen regeln unter anderem Struktur und Inhalt der Prüfungen.

Gemäß der Verordnung über die Berufsausbildung in der Fassung vom 23. Juli 2007 für den Ausbildungsberuf Zerspanungsmechaniker/-in besteht die Abschlussprüfung Teil 1 aus der Ausführung einer komplexen Arbeitsaufgabe, die situative Gesprächsphasen und schriftliche Aufgabenstellungen beinhaltet.

Die Inhalte der schriftlichen Aufgabenstellungen der Abschlussprüfung Teil 1 werden durch den Rahmenlehrplan der Lernfelder 1 bis 6 definiert.

2. Prüfungsinhalte

Die Inhalte des Rahmenlehrplans sind nach Lernfeldern (Bild 1) strukturiert.

	Lernfelder Nr.	Lernfelder Bezeichnung	1. Jahr	2. Jahr	3. Jahr	4. Jahr
Inhalt AP Teil 1	1	Fertigen von Bauelementen mit handgeführten Werkzeugen	80			
	2	Fertigen von Bauelementen mit Maschinen	80			
	3	Herstellen von einfachen Baugruppen	80			
	4	Warten technischer Systeme	80			
	5	Herstellen von Bauelementen durch spanende Fertigungsverfahren		100		
	6	Warten und Inspizieren von Werkzeugmaschinen		40		
Inhalt AP Teil 2	7	Inbetriebnehmen steuerungstechnischer Systeme		60		
	8	Programmieren und Fertigen mit numerisch gesteuerten Werkzeugmaschinen		80		
	9	Herstellen von Bauelementen durch Feinbearbeitungsverfahren			80	
	10	Optimieren des Fertigungsprozesses			100	
	11	Planen und Organisieren rechnergestützter Fertigung			100	
	12	Vorbereiten und Durchführen eines Einzelfertigungsauftrages				60
	13	Organisieren und Überwachen von Fertigungsprozessen in der Serienfertigung				80
		Summe (insgesamt 1020 Std.)	320	280	280	140

Übersicht über die Lernfelder für den Ausbildungsberuf Zerspanungsmechaniker/-in

Bild 1: Inhalte des Rahmenlehrplans nach Lernfeldern strukturiert

Die Gewichtungen zwischen gebundenen und ungebundenen Aufgaben sowie die Anzahl der Aufgaben wurden vom Fachausschuss der PAL erarbeitet. Eine angemessene Änderung in diesen Punkten behält sich der Fachausschuss vor.

3. Typen von Aufgaben

Grundsätzlich sind zwei Aufgabentypen zu unterscheiden:
- gebundene Aufgaben und
- ungebundene Aufgaben.

Gebundene Aufgaben beginnen mit einer Fragestellung, teilweise wird erst der Sachverhalt geschildert. Die Frage kann auch eine Verneinung beinhalten (in der Regel *kursiv* hervorgehoben). Der Prüfling antwortet nicht mit eigenen Worten, sondern markiert **einen** von fünf Antwortvorschlägen.

Bei *ungebundenen Aufgaben* steht meist ein Informationsteil am Anfang. Die Prüflinge müssen die darauf bezogenen Fragen mit eigenen Worten beantworten und ihre Antwort in der Regel auch kurz begründen. Insbesondere bei umfangreicheren handlungsorientierten Aufgaben oder Projekten steht eine Situationsbeschreibung oder ein längerer Informationsteil am Anfang. Daran schließen sich mehrere Fragen an.

In diesem Buch sind insgesamt 96 gebundene und 33 ungebundene Aufgaben nach Lernfeldern sortiert abgebildet. Eine schriftliche Abschlussprüfung Teil 1 befindet sich als Musterprüfung mit Lösungen bzw. Lösungsvorschlägen im Anhang.

4. Art der Aufgabensätze

Die Verordnung über die Berufsausbildung in der Fassung vom 23. Juli 2007 gibt für den Ausbildungsberuf Zerspanungsmechaniker/-in vor, in welchen Prüfungsbereichen geprüft werden muss. Daraus leiten sich die Anzahl der Aufgabenhefte und die Zusammenstellung der Aufgabensätze für Teil 1 bzw. Teil 2 der gestreckten Abschlussprüfung ab.

5. Bearbeitung der Aufgabensätze

5.1 Allgemeines

In der Prüfung erhalten die Prüflinge die fachbezogenen Aufgabensätze sowie den zugehörigen Markierungsbogen.

Bevor die Prüflinge mit der Bearbeitung der Aufgaben beginnen, sind die Erläuterungen auf Seite 2 des Aufgabensatzes sorgfältig zu lesen. Beispiele für diese Bearbeitungshinweise zeigen das Bild 2 (Aufgabensatz mit gebundenen Aufgaben) und das Bild 3 (Aufgabensatz mit ungebundenen Aufgaben).

Vorgabezeit: Insgesamt 90 min für Teil A und Teil B

Hilfsmittel: Formelsammlungen, Tabellenbücher, Zeichenwerkzeuge und nicht programmierter, netzunabhängiger Taschenrechner ohne Kommunikationsmöglichkeit mit Dritten

Sehr geehrter Prüfling,

bevor Sie mit der Bearbeitung der Aufgaben beginnen, lesen Sie bitte **sorgfältig** die folgenden Hinweise.

1 Allgemeines

Der Aufgabensatz für den Prüfungsbereich **Schriftliche Aufgabenstellungen** besteht aus:
- Teil A mit 23 gebundenen Aufgaben (also mit vorgegebenen Auswahlantworten)
- Teil B mit 8 ungebundenen Aufgaben (die Sie mit Ihren eigenen Worten in möglichst kurzen Sätzen beantworten müssen)
- Anlage(n): 2 Blatt im Format A4 für Teil A und Teil B
- Markierungsbogen (grau-weiß)

Für die Ermittlung Ihrer Prüfungsleistungen werden der grau-weiße Markierungsbogen von Teil A, das Aufgabenheft Teil B und gegebenenfalls die Anlage(n) zugrunde gelegt.

Am Ende der Vorgabezeit von 90 min müssen Sie den Aufgabensatz der Prüfungsaufsicht übergeben.

Bei zeichnerischen Darstellungen gilt die Projektionsmethode 1 (⌐⊕).

2 Hinweise für Teil A (dieses Heft)

Tragen Sie bitte vor Beginn der Bearbeitung der Aufgaben in den Kopf des **grau-weißen Markierungsbogens** und gegebenenfalls auf der/den **Anlage(n)** die dort geforderten Angaben ein:
- Prüfungsart und Prüfungstermin
- Die Nummer Ihrer Industrie- und Handelskammer, falls bekannt
- Die Ihnen mit der Einladung zur Prüfung mitgeteilte Prüflingsnummer
- Die auf der Titelseite dieses Aufgabenhefts aufgedruckte Berufsnummer
- Ihren Vor- und Familiennamen und den Ausbildungsbetrieb
- Ihren Ausbildungsberuf
- Prüfungsfach/-bereich „Schriftliche Aufgabenstellungen"
- Projekt-Nr. „01"

Sind diese Angaben bereits eingedruckt, prüfen Sie diese auf Richtigkeit.

Prüfen Sie danach, ob dieses Heft 23 Aufgaben und 2 Anlage(n) enthält. Informieren Sie bei Unstimmigkeiten **sofort** die Prüfungsaufsicht. **Reklamationen nach dem Schluss der Prüfung werden nicht anerkannt.**

Bei den Aufgaben in diesem Heft ist jeweils nur **eine** der 5 Auswahlantworten **richtig**. Sie dürfen deshalb nur **eine** ankreuzen. Kreuzen Sie mehr als eine oder keine Auswahlantwort an, gilt die Aufgabe als **nicht gelöst.**

Lesen Sie die Aufgabenstellung und die Auswahlantworten sorgfältig durch. Kreuzen Sie erst dann im Markierungsbogen Ihrer Meinung nach richtige Auswahlantwort an (siehe Abb. 1, Aufgabe 1). Verwenden Sie hierfür unbedingt einen Kugelschreiber, damit Ihre Kreuze auch auf dem Durchschlag eindeutig erkennbar sind.

Sollten Sie ein Kreuz in ein falsches Feld gesetzt haben, machen Sie dieses unkenntlich und setzen Sie ein neues Kreuz an die richtige Stelle (siehe Abb. 1, Aufgabe 2).

Sollten Sie ein bereits unkenntlich gemachtes Feld verwenden wollen, setzen Sie Ihr Kreuz rechts neben das Feld in die weiße Spalte (siehe Abb. 1, Aufgabe 3).

Von den 23 Aufgaben müssen Sie nur 20 bearbeiten. Entscheiden Sie, welche 3 Aufgaben Sie nicht lösen wollen, und streichen Sie diese im Markierungsbogen durch (siehe Abb. 1, Aufgabe 11).
Wenn Sie keine Aufgaben durchstreichen, werden die letzten 3 abwählbaren Aufgaben nicht gewertet. Nicht bearbeitete Aufgaben gelten als nicht gelöst.

Sollten Sie eine bereits abgewählte Aufgabe doch lösen wollen, setzen Sie Ihr Kreuz rechts neben das Feld in die weiße Spalte (siehe Abb. 1, Aufgabe 12).

Möchten Sie eine Aufgabe abwählen, die Sie bereits angekreuzt haben, streichen Sie diese durch (siehe Abb. 1, Aufgabe 13).

6 der 23 Aufgaben dürfen Sie nicht abwählen. Diese Aufgaben sind wie im nebenstehenden Beispiel kenntlich gemacht.

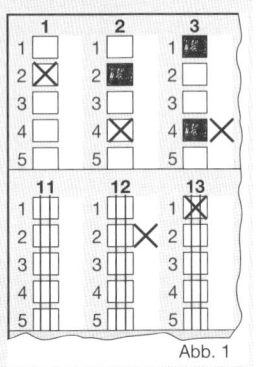

Abb. 1

3 nicht abwählbar!

Ihre Industrie- und Handelskammer wünscht Ihnen viel Erfolg!

Dieser Prüfungsaufgabensatz wurde von einem überregionalen nach § 40 Abs. 2 BBiG zusammengesetzten Ausschuss beschlossen. Er wurde für die Prüfungsabwicklung und -abnahme im Rahmen der Ausbildungsprüfungen entwickelt. Weder der Prüfungsaufgabensatz noch darauf basierende Produkte sind für den freien Wirtschaftsverkehr bestimmt.
Beispielhafte Hinweise auf bestimmte Produkte erfolgen ausschließlich zum Veranschaulichen der Produktanforderung beziehungsweise zum Verständnis der jeweiligen Prüfungsaufgabe. Diese Hinweise haben keinen bindenden Produktcharakter.

Zertifizierte Qualität bei der Prüfungsaufgaben-Erstellung

M 4000 K1

Bild 2: Seite 2 eines Aufgabensatzes mit gebundenen Aufgaben mit Bearbeitungshinweisen

Vorgabezeit:	Insgesamt 90 min für Teil A und Teil B
Hilfsmittel:	Formelsammlungen, Tabellenbücher, Zeichenwerkzeuge und nicht programmierter, netzunabhängiger Taschenrechner ohne Kommunikationsmöglichkeit mit Dritten

Sehr geehrter Prüfling,

bevor Sie mit der Bearbeitung der Aufgaben beginnen, lesen Sie bitte **sorgfältig** die folgenden Hinweise.

1 Allgemeines

Der Aufgabensatz für den Prüfungsbereich **Schriftliche Aufgabenstellungen** besteht aus:
- Teil A mit 23 gebundenen Aufgaben (also mit vorgegebenen Auswahlantworten)
- Teil B mit 8 ungebundenen Aufgaben (die Sie mit Ihren eigenen Worten in möglichst kurzen Sätzen beantworten müssen)
- Anlage(n): 2 Blatt im Format A4 für Teil A und Teil B
- Markierungsbogen (grau-weiß)

Für die Ermittlung Ihrer Prüfungsleistungen werden der grau-weiße Markierungsbogen von Teil A, das Aufgabenheft Teil B und gegebenenfalls die Anlage(n) zugrunde gelegt.

Am Ende der Vorgabezeit von 90 min müssen Sie den Aufgabensatz der Prüfungsaufsicht übergeben.

Bei zeichnerischen Darstellungen gilt die Projektionsmethode 1 (⌐⊦ ⊕).

2 Hinweise für Teil B (dieses Heft)

Tragen Sie bitte vor Beginn der Bearbeitung der Aufgaben auf der Titelseite **dieses Hefts** und gegebenenfalls auf der/den **Anlage(n)** die dort geforderten Angaben ein:
- Die Ihnen mit der Einladung zur Prüfung mitgeteilte Prüfungsnummer
- Ihren Vor- und Familiennamen

Prüfen Sie danach, ob dieses Heft 8 Aufgaben und 2 Anlage(n) enthält. Informieren Sie bei Unstimmigkeiten **sofort** die Prüfungsaufsicht. **Reklamationen nach dem Schluss der Prüfung werden nicht anerkannt.**

Bearbeiten Sie die Aufgaben, wo möglich, mit kurzen Sätzen.

Bei mathematischen Aufgaben ist der vollständige Rechengang (Formel, Ansatz, Ergebnis, Einheit) in dem dafür vorgesehenen Feld auszuführen.

Geben Sie in dem unten vorgedruckten Feld an, welche Tabellenbücher Sie verwendet haben.

Bei der Bearbeitung der Aufgaben wurden folgende Tabellenbücher verwendet:

Ihre Industrie- und Handelskammer wünscht Ihnen viel Erfolg!

Dieser Prüfungsaufgabensatz wurde von einem überregionalen nach § 40 Abs. 2 BBiG zusammengesetzten Ausschuss beschlossen. Er wurde für die Prüfungsabwicklung und -abnahme im Rahmen der Ausbildungsprüfungen entwickelt. Weder der Prüfungsaufgabensatz noch darauf basierende Produkte sind für den freien Wirtschaftsverkehr bestimmt.
Beispielhafte Hinweise auf bestimmte Produkte erfolgen ausschließlich zum Veranschaulichen der Produktanforderung beziehungsweise zum Verständnis der jeweiligen Prüfungsaufgabe. Diese Hinweise haben keinen bindenden Produktcharakter.

Zertifizierte Qualität bei der Prüfungsaufgaben-Erstellung

M 4000 K2

Bild 3: Seite 2 eines Aufgabensatzes mit ungebundenen Aufgaben mit Bearbeitungshinweisen

Zunächst ist zu prüfen, ob der Aufgabensatz die in Bild 2 unter *Allgemeines* genannte Zahl von Aufgaben sowie Anlagen enthält. Sollte dies nicht der Fall sein, ist sofort die Prüfungsaufsicht zu informieren.

Ist der Aufgabensatz vollständig, gilt es, den Kopf des Markierungsbogens handschriftlich auszufüllen (Bild 4) bzw. die eingedruckten Daten zu überprüfen.

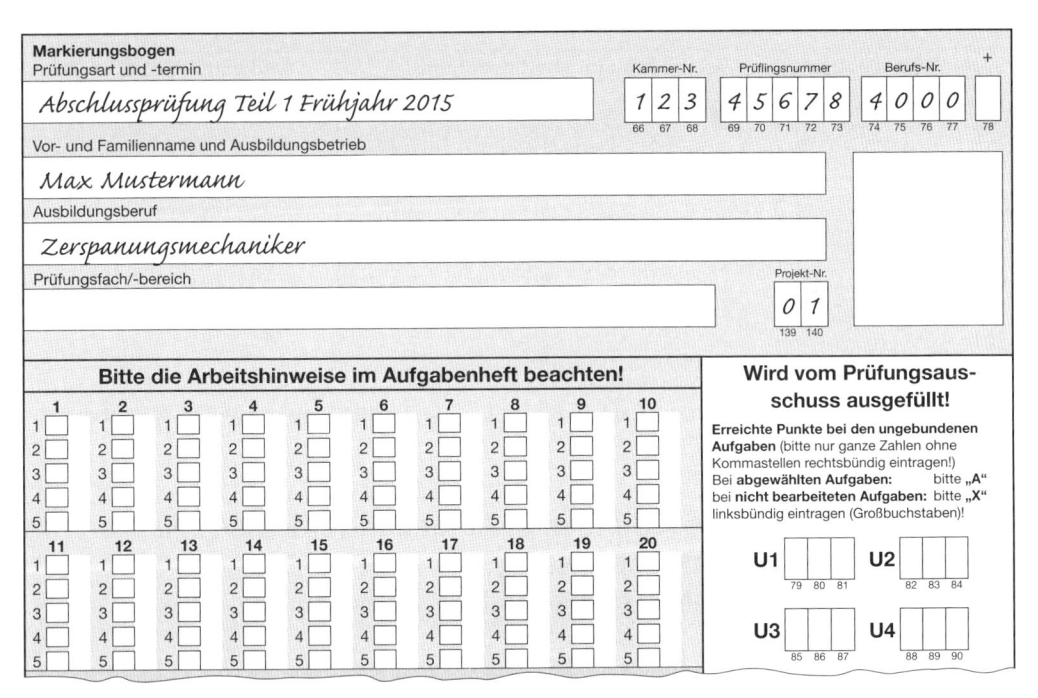

Bild 4: Kopf eines Markierungsbogens mit handschriftlich eingetragenen Daten

Jetzt steht einer erfolgreichen Bearbeitung des Aufgabensatzes nichts mehr im Wege.

5.2 Gebundene Aufgaben

Bei der Bearbeitung der gebundenen Aufgaben hat es sich bewährt, diese zunächst in der vorgegebenen Reihenfolge durchzulesen. Bei sofort lösbar erscheinenden Aufgaben empfiehlt es sich, die richtige Antwort umgehend auf dem Markierungsbogen anzukreuzen.

Von den vorgeschlagenen fünf Antwortvarianten ist immer nur eine richtig. Es darf also nur ein Antwortvorschlag angekreuzt werden. Werden mehrere Auswahlantworten angekreuzt, gilt die Aufgabe als nicht gelöst. Gleiches gilt, wenn kein Antwortvorschlag angekreuzt wird. Falls versehentlich ein Kreuz an die falsche Stelle gesetzt wird, so ist dieses unkenntlich zu machen und ein neues an die richtige Stelle zu setzen.

Das folgende Bild 5 zeigt beispielhaft einen Markierungsbogen mit drei geänderten Lösungen und drei abgewählten Aufgaben.

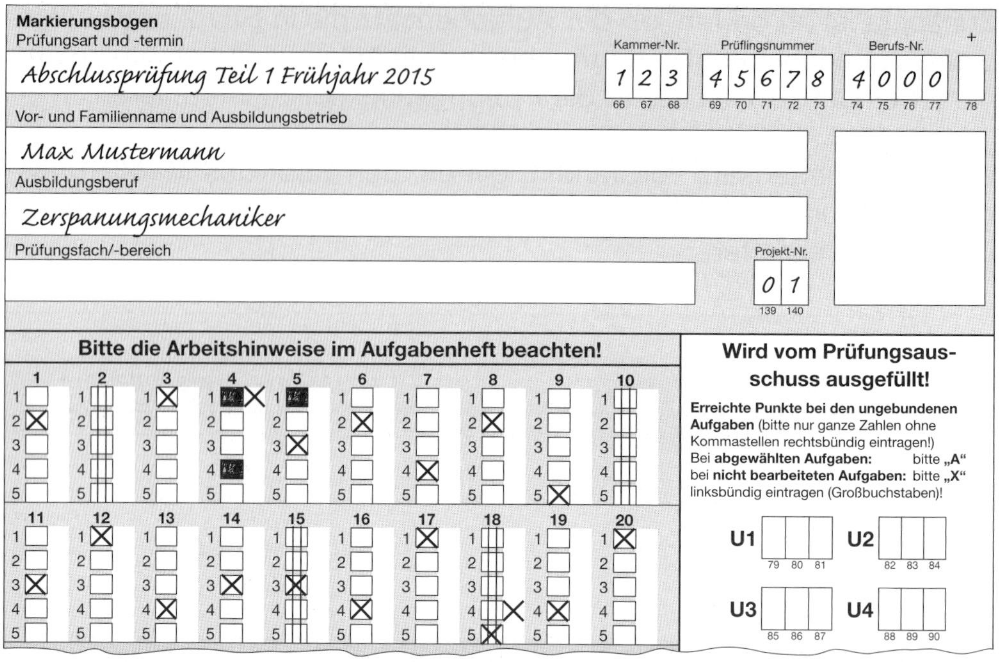
Markierungsbogen
Prüfungsart und -termin
Abschlussprüfung Teil 1 Frühjahr 2015
Kammer-Nr. 1 2 3
Prüflingsnummer 4 5 6 7 8
Berufs-Nr. 4 0 0 0
Vor- und Familienname und Ausbildungsbetrieb
Max Mustermann
Ausbildungsberuf
Zerspanungsmechaniker
Prüfungsfach/-bereich
Projekt-Nr. 0 1

Bitte die Arbeitshinweise im Aufgabenheft beachten!

Wird vom Prüfungsausschuss ausgefüllt!
Erreichte Punkte bei den ungebundenen Aufgaben (bitte nur ganze Zahlen ohne Kommastellen rechtsbündig eintragen!)
Bei abgewählten Aufgaben: bitte „A"
bei nicht bearbeiteten Aufgaben: bitte „X" linksbündig eintragen (Großbuchstaben)!
U1 U2
U3 U4

Bild 5: Markierungsbogen mit drei geänderten Lösungen und drei abgewählten Aufgaben

Bei der Bewertung der gebundenen Aufgaben wird ausschließlich der Markierungsbogen zugrunde gelegt.
Bild 6 zeigt einen vollständig ausgefüllten Markierungsbogen.

5.3 Ungebundene Aufgaben

Zusätzlich zu den gebundenen Aufgaben werden ungebundene Aufgaben gestellt.

Vor der Bearbeitung der Aufgaben sind die Erläuterungen zu den ungebundenen Aufgaben sorgfältig zu lesen und anzuwenden. Ein Beispiel dazu ist in Bild 3 abgebildet.

Nach dem Eintragen der Daten auf dem Deckblatt des Aufgabenhefts bzw. der Überprüfung der bereits eingedruckten Daten kann der Prüfling mit der Aufgabenbearbeitung beginnen. Die Beantwortung sollte in kurzen Sätzen erfolgen. Bei Aufgaben zu mathematischen Sachverhalten wird der vollständige Rechengang verlangt.

Am Ende der Prüfung sind der Aufsicht das Aufgabenheft mit den Lösungen für die ungebundenen Aufgaben und der Markierungsbogen für die gebundenen Aufgaben zu übergeben.

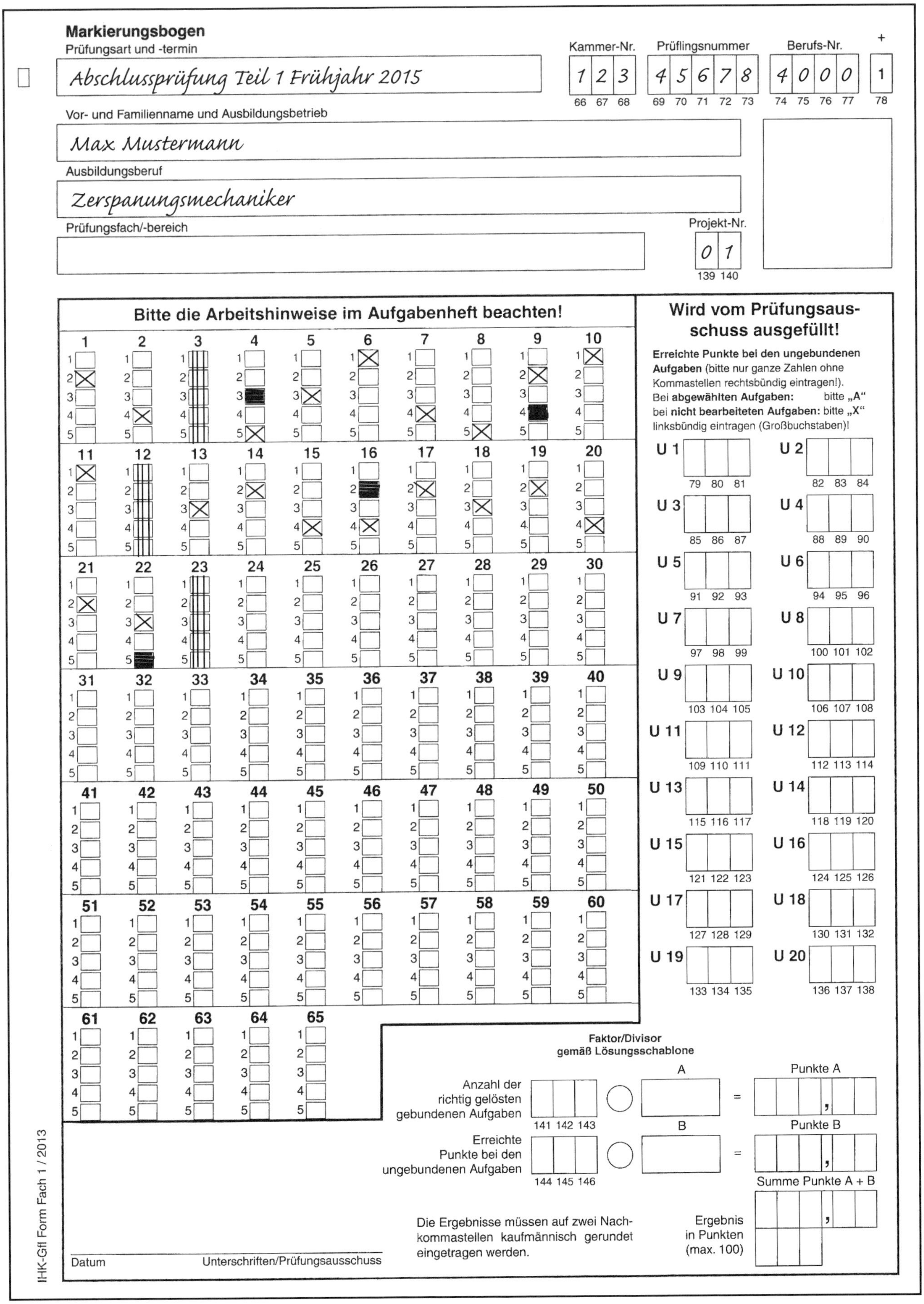

Bild 6: Vollständig ausgefüllter Markierungsbogen

6. Auswertung der Prüfung

Basis für die Auswertung der gebundenen Aufgaben ist ausschließlich der Markierungsbogen, der deshalb unbedingt die geforderten Daten enthalten muss.

Die ungebundenen Aufgaben werden vom Prüfungsausschuss individuell ausgewertet. Die PAL liefert dem Prüfungsausschuss dazu Lösungsvorschläge. Es handelt sich dabei ausdrücklich um Vorschläge, d. h., es kann durchaus andere sinnvolle und richtige Lösungen geben.

Zeichnungen zur Arbeitsaufgabe und den schriftlichen Aufgabenstellungen

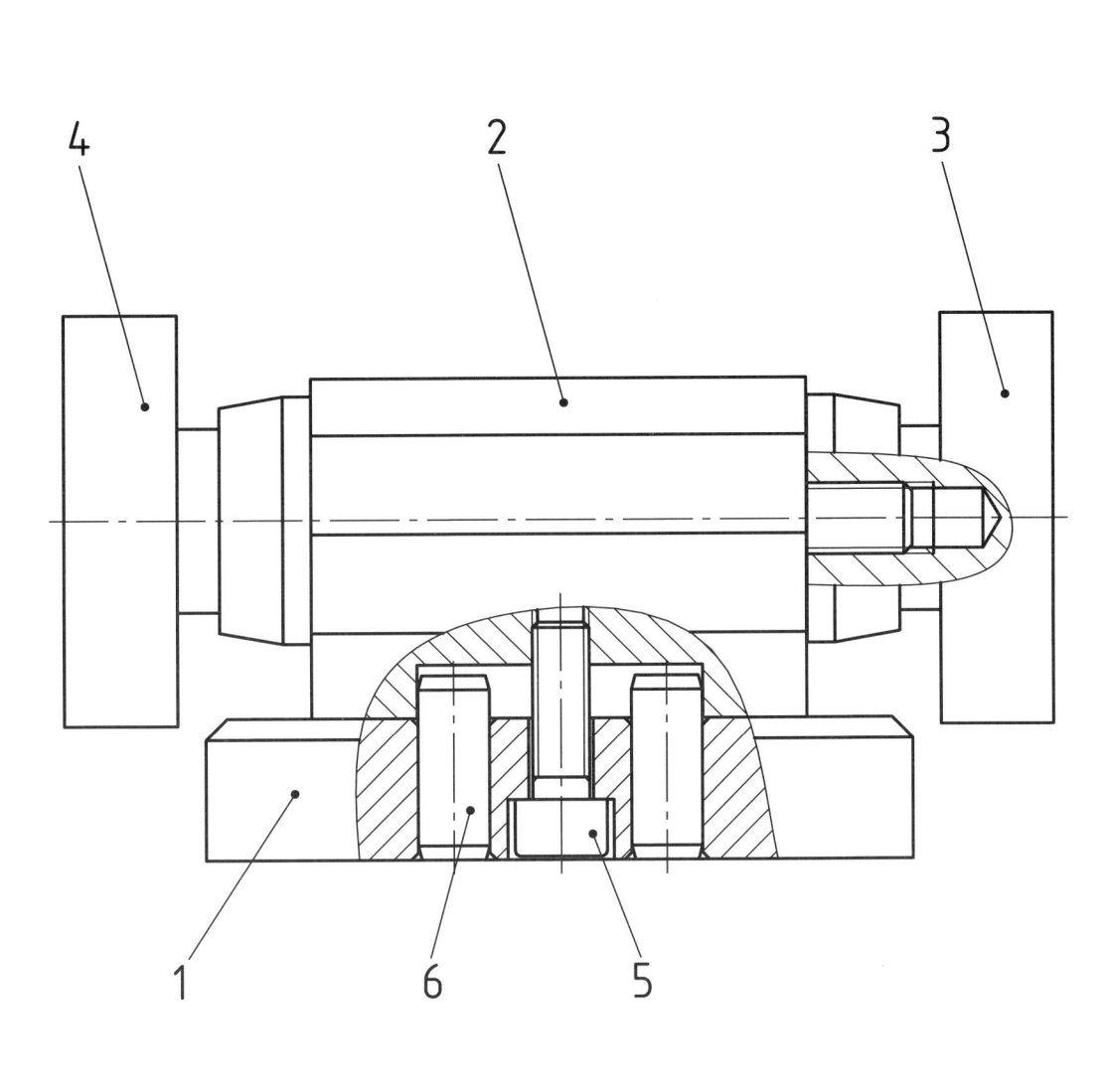

Anlage 1(3) zur Arbeitsaufgabe

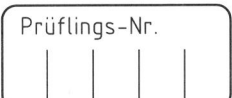

Bitte beachten: Zeichnung ist nicht maßstäblich

Pos.-Nr.	Stück	Benennung	Normblatt	Werkstoff	Halbzeug (nach Materialbereitstellungsliste)
6	2	Zylinderstift 10 × 26	ISO 8734	St	
5	1	Zylinderschraube M8 × 25	ISO 4762	5.8	
4	1	Drehteil		11SMn30+C	Rd 60 × 122 EN 10278
3	1	Drehteil		11SMn30+C	Rd 60 × 37 EN 10278
2	1	Frästeil		S235JR+C	Fl 50 × 50 × 72 EN 10278
1	1	Frästeil		S235JR+C	Fl 60 × 20 × 102 EN 10278

IHK Abschlussprüfung Teil 1 – Prüfungsbuch

Zerspanungsmechaniker/-in

Maßstab: —
Allgemeintoleranz ISO 2768-m
Blatt: 1(3)
Lfd.-Nr.: 0000028985

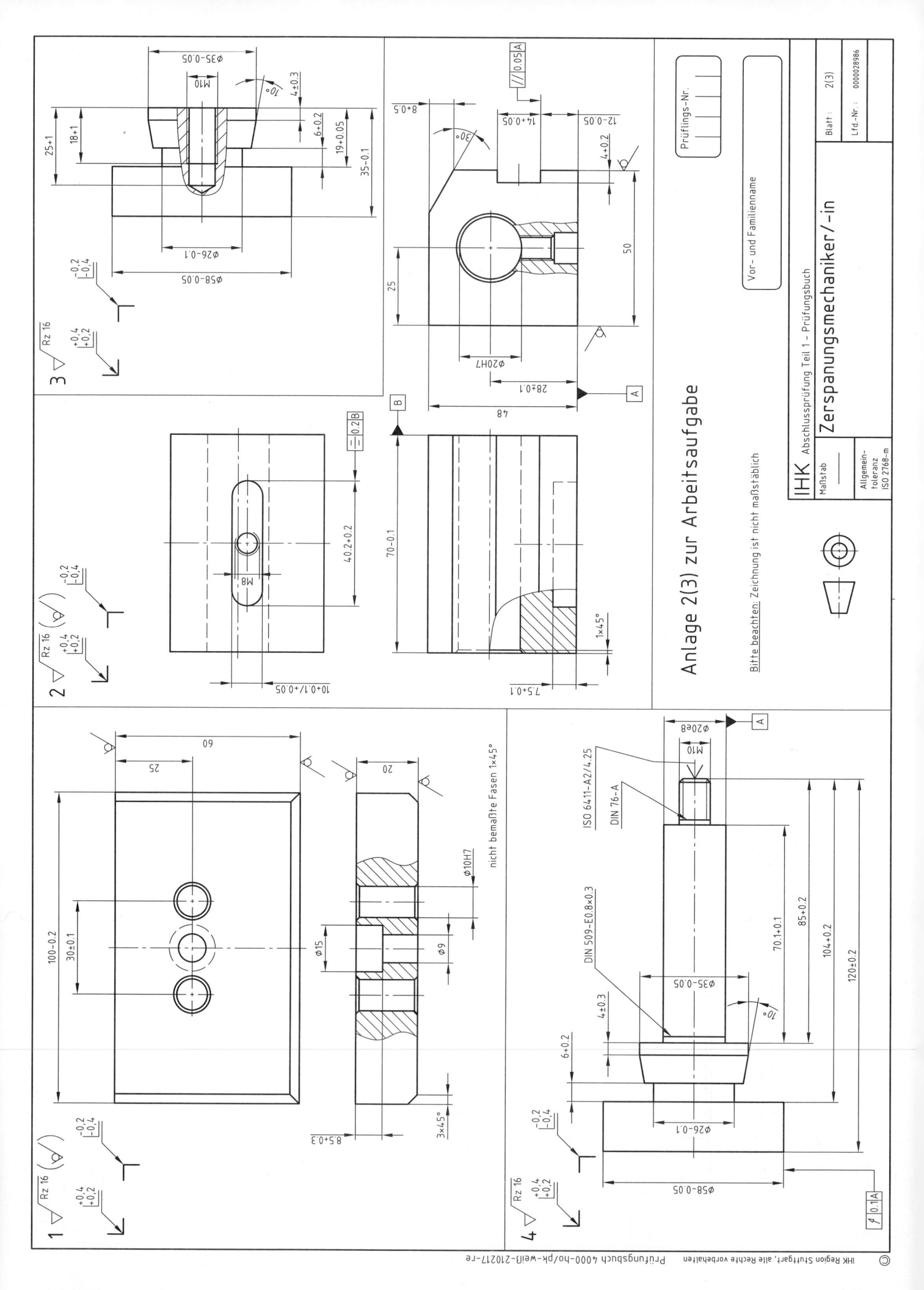

Anlage 2(3) zur Arbeitsaufgabe

Bitte beachten: Zeichnung ist nicht maßstäblich

Anlage 3(3) zur Arbeitsaufgabe

Pos.-Nr	Stück	Benennung	Normblatt	Werkstoff	Halbzeug (nach Materialbereitstellungsliste)
9	1	Rundschleifteil		16MnCr5	Rd 70 × 139 EN 10060
8	1	Flachschleifteil		16MnCr5	Fl 65 × 30 × 102 EN 10058
7	1	Flachschleifteil		16MnCr5	Fl 55 × 12 × 102 EN 10058

IHK Abschlussprüfung Teil 1 – Prüfungsbuch

Zerspanungsmechaniker/-in

Allgemeintoleranz ISO 2768-m

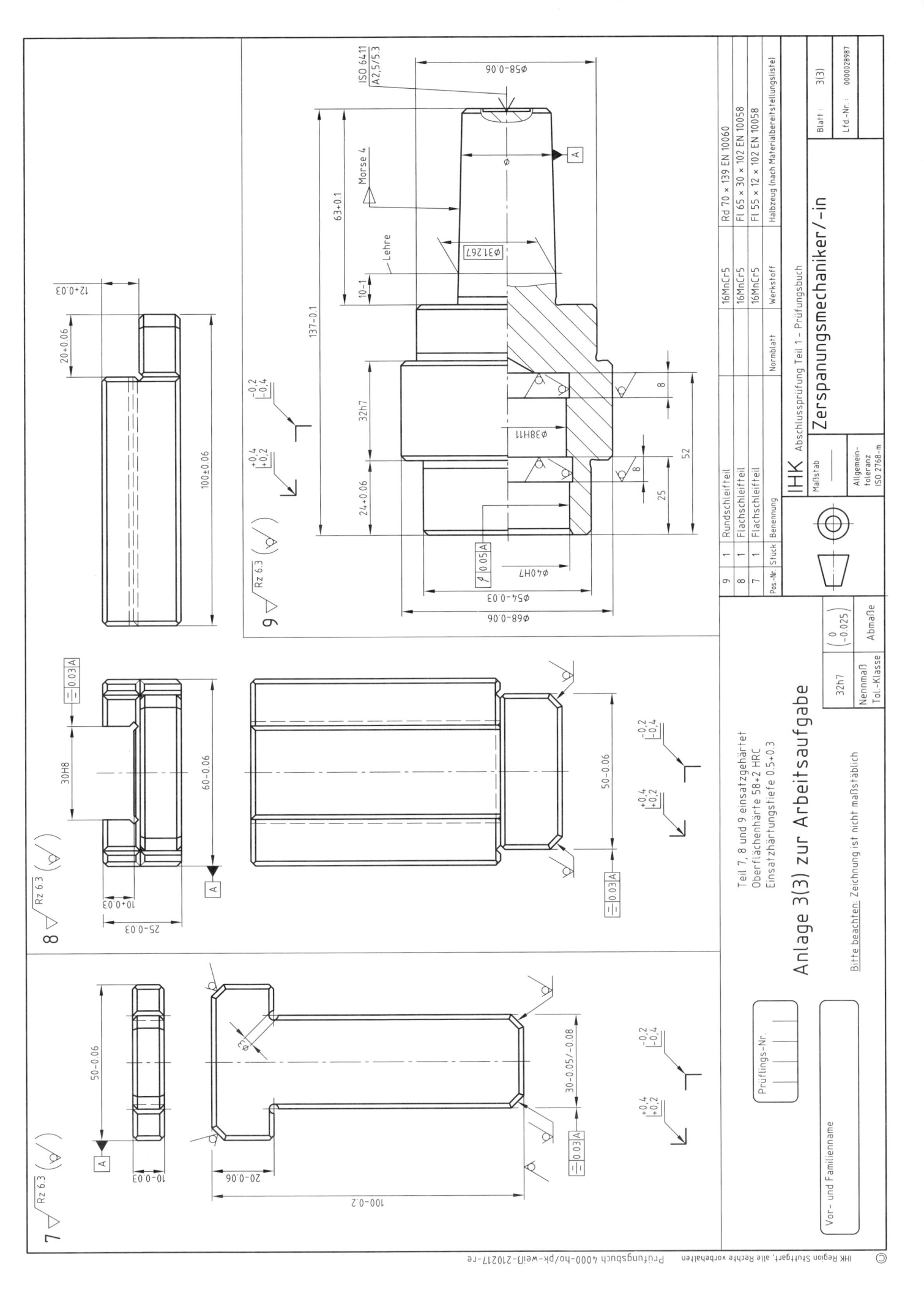

Nennmaß	32h7
Tol.-Klasse	(0 / −0,025)
Abmaße	

Teil 7, 8 und 9 einsatzgehärtet
Oberflächenhärte 58+2 HRC
Einsatzhärtungstiefe 0,5+0,3

Bitte beachten: Zeichnung ist nicht maßstäblich

Blatt: 3(3)
Lfd.-Nr.: 0000028987

Lernfeld 1 – Fertigen von Bauelementen mit handgeführten Werkzeugen

Gebundene Aufgaben
Ungebundene Aufgaben

Auszug aus dem Rahmenlehrplan

Lernfeld 1: Fertigen von Bauelementen mit handgeführten Werkzeugen

1. Ausbildungsjahr
Zeitrichtwert: 80 Stunden

Zielformulierung:

Die Schülerinnen und Schüler bereiten das Fertigen von berufstypischen Bauelementen mit handgeführten Werkzeugen vor. Dazu werten sie Anordnungspläne und einfache technische Zeichnungen aus.

Sie erstellen und ändern Teilzeichnungen sowie Skizzen für Bauelemente von Funktionseinheiten und einfachen Baugruppen. Stücklisten und Arbeitspläne werden auch mit Hilfe von Anwendungsprogrammen erarbeitet und ergänzt.

Auf der Basis der theoretischen Grundlagen der anzuwendenden Technologien planen sie die Arbeitsschritte mit den erforderlichen Werkzeugen, Werkstoffen, Halbzeugen und Hilfsmitteln.

Sie bestimmen die notwendigen technologischen Daten und führen die erforderlichen Berechnungen durch.

Die Schülerinnen und Schüler wählen geeignete Prüfmittel aus, wenden diese an und erstellen die entsprechenden Prüfprotokolle.

In Versuchen werden ausgewählte Arbeitsschritte erprobt, die Arbeitsergebnisse bewertet und die Fertigungskosten überschlägig ermittelt.

Die Schülerinnen und Schüler dokumentieren und präsentieren die Arbeitsergebnisse.

Sie beachten die Bestimmungen des Arbeits- und des Umweltschutzes.

Inhalte:

Teilzeichnungen
Gruppen- oder Montagezeichnungen
Technische Unterlagen und Informationsquellen
Funktionsbeschreibungen
Fertigungspläne
Eisen- und Nichteisenmetalle
Eigenschaften metallischer Werkstoffe
Kunststoffe
Allgemeintoleranzen
Halbzeuge und Normteile
Bankwerkzeuge, Elektrowerkzeuge
Hilfsstoffe
Grundlagen und Verfahren des Trennens und des Umformens
Prüfen
Material-, Lohn- und Werkzeugkosten
Masse von Bauteilen, Stückzahlberechnung
Präsentationstechniken
Normen

Lernfeld 1 – Fertigen von Bauelementen mit handgeführten Werkzeugen

001

Welche Aufgabe hat der Arbeitsplan in der Fertigung?

1. Der Arbeitsplan ergänzt das Prüfprotokoll.
2. Der Arbeitsplan stellt die Ergebnisse einer Messreihe zusammen.
3. Der Arbeitsplan legt den Arbeitsablauf von Tätigkeiten fest.
4. Der Arbeitsplan listet alle Normteile auf.
5. Der Arbeitsplan beendet alle Arbeitsschritte.

002

Warum werden die Zylinderschraube (Pos.-Nr. 5), die Zylinderstifte (Pos.-Nr. 6) und das Drehteil (Pos.-Nr. 4) auf Blatt 1(3) *nicht* geschnitten bzw. schraffiert?

1. Weil es Normteile sind
2. Weil es Teile ohne Hohlraum sind
3. Weil es zylindrische Teile sind
4. Weil es Präzisionsteile sind
5. Weil es Kaufteile sind

003

In welche zwei Hauptgruppen werden Werkstoffe eingeteilt?

1. Metalle und Hilfsstoffe
2. Hilfsstoffe und Energie
3. Metalle und Naturwerkstoffe
4. Metalle und Nichtmetalle
5. Verbundwerkstoffe und Energie

004

In der Stückliste finden Sie für das Frästeil (Pos.-Nr. 1) einen Stahl, der mit S235JR bezeichnet ist. Was bedeutet diese Bezeichnung?

1. Stahl für den Stahlbau nach DIN 235
2. Stahl für den Stahlbau mit 2,3 % Legierungsbestandteilen
3. Stahl für den Stahlbau mit 0,23 % Kohlenstoffgehalt
4. Stahl für den Stahlbau mit 235 N/mm^2 Streckgrenze
5. Stahl für den Stahlbau mit 235 N/mm^2 Zugfestigkeit

005

Welche besondere Eigenschaft hat der für die Drehteile (Pos.-Nrn. 3 und 4) verwendete Werkstoff?

1. Er ist alterungsbeständig.
2. Er ist kurzspanbrüchig.
3. Er hat eine besonders hohe Dehnung.
4. Er ist gut schweißbar.
5. Er hat eine verzunderte Oberfläche.

006

Für die Fertigung des Frästeils (Pos.-Nr. 1) gelten Allgemeintoleranzen. Wovon ist bei den Allgemeintoleranzen nach „ISO 2768-m" die Größe der Toleranz abhängig?

1. Fertigungsverfahren
2. Werkstoff des Werkstücks
3. Oberflächenbeschaffenheit des Werkstücks
4. Verwendungszweck des Werkstücks
5. Größe des Nennmaßes

Lernfeld 1 – Fertigen von Bauelementen mit handgeführten Werkzeugen

007

Welche Aussage über Hilfsstoffe ist richtig?

1. Sie sind zur Herstellung von Werkstücken notwendig, aber nicht wesentlicher Bestandteil.
2. Sie werden in der Produktion selten benötigt.
3. Sie werden grundsätzlich aus verschiedenen Werkstoffen zusammengesetzt.
4. Sie werden nur bei der Herstellung von Kunststoffen benötigt.
5. Sie zeigen die Funktion von Anlagenteilen.

008

Warum sollen Werkstoffe und Hilfsstoffe recycelt werden?

1. Um neue Arbeitsplätze zu schaffen
2. Um schneller zu produzieren
3. Um Rohstoffe zu sparen und die Umwelt zu entlasten
4. Um Strom zu sparen und Lagerflächen zu nutzen
5. Weil es gesetzlich vorgeschrieben ist

009

Was geschieht, wenn mit einem feingezahnten Sägeblatt für Stahl ein weicherer Werkstoff – z. B. Kunststoff – abgesägt wird?

1. Die Zähne haken beim Ansägen ein und brechen aus.
2. Die Zähne dringen zu tief in den Werkstoff ein und brechen ab.
3. Das Sägeblatt bricht.
4. Die Zähne gleiten nur über den Werkstoff und werden stumpf.
5. Die Zahnlücken verstopfen.

010

Welchen wesentlichen Vorteil haben Werkstücke aus Kunststoff im Vergleich zu entsprechenden Werkstücken aus unlegiertem Baustahl?

1. Kleinere Wärmeausdehnung
2. Größere Wärmebeständigkeit
3. Größere elektrische Leitfähigkeit
4. Größere Wärmeleitfähigkeit
5. Größere Korrosionsbeständigkeit

011

Berechnen Sie für das Halbzeug des Drehteils (Pos.-Nr. 4) die Masse m (in kg).

1. 0,35 kg
2. 0,56 kg
3. 0,68 kg
4. 2,71 kg
5. 5,75 kg

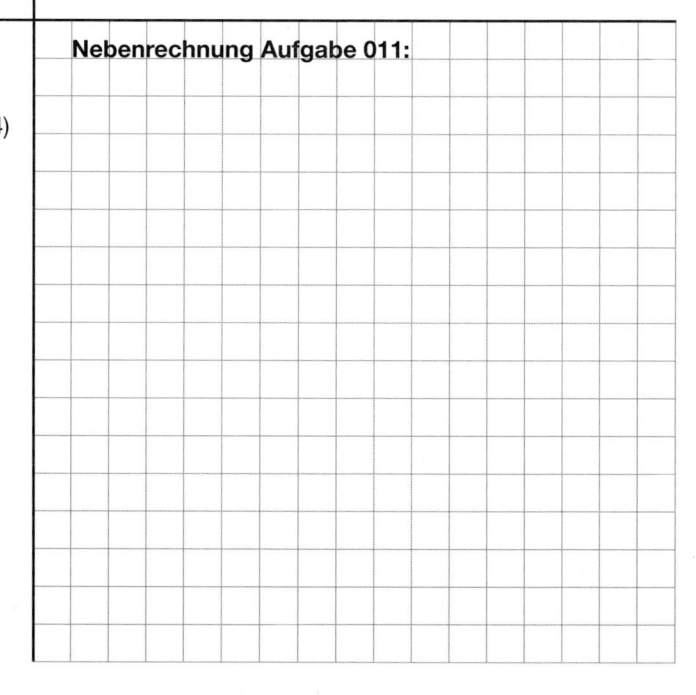

Nebenrechnung Aufgabe 011:

Lernfeld 1 – Fertigen von Bauelementen mit handgeführten Werkzeugen

Bewertung (10 bis 0 Punkte)

U1

Das Drehteil (Pos.-Nr. 3) wird aus einem Stahl nach Stückliste hergestellt.

1. Welche besondere Eigenschaft kennzeichnet diesen Werkstoff?
2. Erklären Sie das Kurzzeichen des Werkstoffs.

Aufgabenlösung:

Ergebnis U1

Punkte

U2

Zukünftig soll für das Frästeil (Pos.-Nr. 1) statt S235JR+C eine Platte aus AlSi1MgMn verwendet werden.

1. Um welchen Werkstoff handelt es sich hier?
2. Entschlüsseln Sie die Kurzbezeichnung AlSi1MgMn.
3. Nennen Sie je einen Vorteil und einen Nachteil dieses Werkstoffs im Vergleich zum ursprünglichen Werkstoff.

Aufgabenlösung:

Ergebnis U2

Bewertungs-Punkte

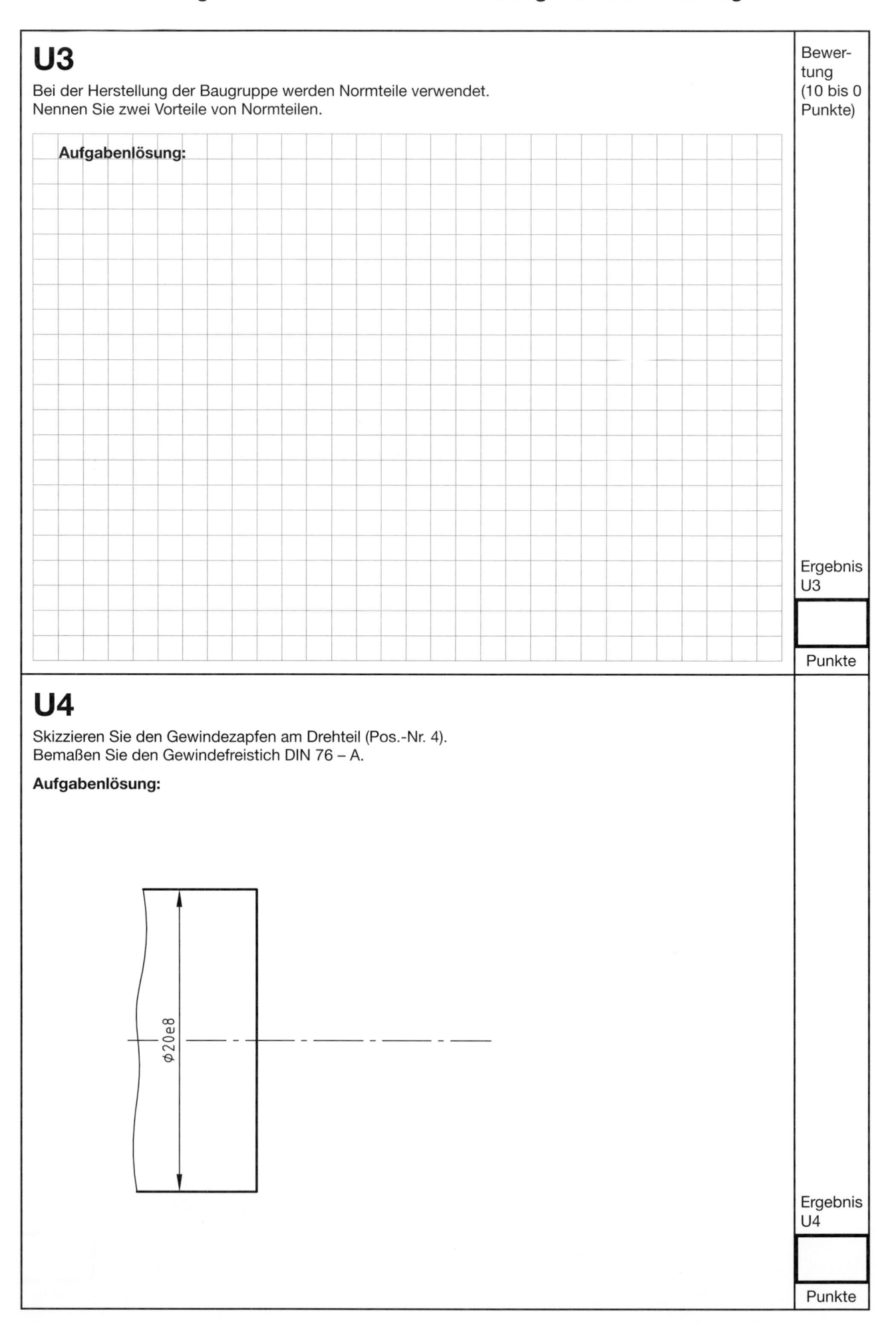

Lernfeld 1 – Fertigen von Bauelementen mit handgeführten Werkzeugen

U3
Bei der Herstellung der Baugruppe werden Normteile verwendet.
Nennen Sie zwei Vorteile von Normteilen.

Aufgabenlösung:

Bewertung (10 bis 0 Punkte)

Ergebnis U3

Punkte

U4
Skizzieren Sie den Gewindezapfen am Drehteil (Pos.-Nr. 4).
Bemaßen Sie den Gewindefreistich DIN 76 – A.

Aufgabenlösung:

⌀20e8

Ergebnis U4

Punkte

Lernfeld 2 – Fertigen von Bauelementen mit Maschinen

Gebundene Aufgaben
Ungebundene Aufgaben

Auszug aus dem Rahmenlehrplan

Lernfeld 2: Fertigen von Bauelementen mit Maschinen

1. Ausbildungsjahr
Zeitrichtwert: 80 Stunden

Zielformulierung:

Die Schülerinnen und Schüler bereiten das maschinelle Herstellen von berufstypischen Bauelementen vor. Dazu werten sie Gruppenzeichnungen, Anordnungspläne und Stücklisten aus.

Sie erstellen und ändern Teilzeichnungen und die dazugehörigen Arbeitspläne auch mit Hilfe von Anwendungsprogrammen.

Sie wählen Werkstoffe unter Berücksichtigung ihrer spezifischen Eigenschaften aus und ordnen sie produktbezogen zu.

Sie planen die Fertigungsabläufe, ermitteln die technologischen Daten und führen die notwendigen Berechnungen durch.

Sie verstehen den grundsätzlichen Aufbau und die Wirkungsweise der Maschinen und wählen diese sowie die entsprechenden Werkzeuge auftragsbezogen unter Beachtung funktionaler, technologischer und wirtschaftlicher Kriterien aus und bereiten die Maschinen für den Einsatz vor.

Die Schülerinnen und Schüler entwickeln Beurteilungskriterien, wählen Prüfmittel aus und wenden sie an, erstellen und interpretieren Prüfprotokolle.

Sie präsentieren die Arbeitsergebnisse, optimieren die Arbeitsabläufe und entwickeln Alternativen.

Dabei nutzen sie die modernen Medien und Präsentationsformen.

In Versuchen erproben sie ausgewählte Arbeitsschritte und auch alternative Möglichkeiten und bewerten die Arbeitsergebnisse.

Sie kennen die Einflüsse des Fertigungsprozesses auf Maße und Oberflächengüte. Sie setzen sich mit den Einflüssen auf den Fertigungsprozess auseinander und berücksichtigen dabei die Bedeutung der Produktqualität.

Sie beachten die Bestimmungen des Arbeits- und des Umweltschutzes.

Inhalte:

Technische Zeichnungen und Informationsquellen
Fertigungspläne
Funktionsbeschreibungen
Auswahlkriterien für Prüfmittel und Anwendungen
ISO-Toleranzen
Oberflächenangaben
Messfehler
Bohren, Senken, Reiben, Fräsen, Drehen
Funktionseinheiten von Maschinen und deren Wirkungsweise
Standzeiten von Werkzeugen
Fertigungsdaten und deren Berechnungen
Kühl- und Schmiermittel
Grundlagen des Qualitätsmanagements
Werkzeug- und Maschinenkosten, Materialverbrauch, Arbeitszeit

Lernfeld 2 – Fertigen von Bauelementen mit Maschinen

012

Am Drehteil (Pos.-Nr. 4) steht am Gewindezapfen die Bezeichnung DIN 76-A. Welche Aussage beinhaltet diese Normangabe?

1. Bei der Angabe handelt es sich um einen kurzen Gewindefreistich.
2. Es handelt sich um einen Gewindeüberlauf für ein metrisches ISO-Gewinde.
3. Die Angabe gilt für einen Außengewindefreistich der Form A.
4. Die Form A gilt für Innengewindefreistiche.
5. Innengewindefreistiche sind bei gleicher Steigung kürzer.

013

An der Stirnfläche des Drehteils (Pos.-Nr. 4) stehen Angaben zur Zentrierbohrung. Welche Information entnehmen Sie dieser Angabe für die Fertigung?

1. Die Zentrierbohrung ist am Fertigteil erforderlich.
2. Die Zentrierbohrung darf am Fertigteil vorhanden sein.
3. Die Zentrierbohrung darf am Fertigteil nicht vorhanden sein.
4. Es handelt sich um eine Zentrierung der Form B.
5. Der zylindrische Bohrteil der Zentrierbohrung hat einen Durchmesser von 4,25 mm.

014

Am Drehteil (Pos.-Nr. 4) befindet sich die Angabe DIN 509 – E0,8 × 0,3. Welche für die Fertigung erforderlichen Angaben können Sie damit ermitteln?

1. Nur die Größe des Radius
2. Nur die Tiefe des Einstichs
3. Nur die Breite des Einstichs
4. Nur die Form des Einstichs
5. Alle Maße für die Fertigung des Einstichs

015

Welchen Einfluss hat die Schnittgeschwindigkeit auf die Standzeit einer Werkzeugschneide?

1. Je kleiner die Schnittgeschwindigkeit, umso kleiner ist die Standzeit, da sich die Werkzeugschneide sehr stark erwärmt.
2. Je größer die Schnittgeschwindigkeit, umso kleiner ist die Standzeit.
3. Je größer die Schnittgeschwindigkeit, umso größer ist die Standzeit.
4. Die Schnittgeschwindigkeit hat keinen Einfluss auf die Standzeit.
5. Die Schnittgeschwindigkeit beeinflusst die Standzeit nur dann, wenn der Einstellwinkel falsch gewählt wurde.

016

Die von Ihnen zur Fertigung der Drehteile (Pos.-Nrn. 3 und 4) verwendeten Hartmetallwendeschneidplatten sind in der Regel beschichtet. Warum werden Hartmetallwendeschneidplatten beschichtet?

1. Zur Verbesserung ihres Aussehens
2. Zur Erhöhung der Korrosionsbeständigkeit
3. Zur Erhöhung der Verschleißfestigkeit
4. Zur Kennzeichnung der Herstellerfirma
5. Zur Kennzeichnung des Bearbeitungsverfahrens

017

Wie werden Hartmetallwerkzeuge auf Werkzeugmaschinen fachgerecht gekühlt?

1. Mit einem flüssigen Kühlschmierstoff umspülen
2. Kühlschmierstoff tropfenweise zuführen
3. Mit destilliertem Wasser umspülen
4. Mit Spiritus umspülen
5. Sie dürfen niemals gekühlt werden, sonst besteht die Gefahr, dass sie zerspringen

Lernfeld 2 – Fertigen von Bauelementen mit Maschinen

018

Am Frästeil (Pos.-Nr. 1) ist die Passbohrung ⌀ 10H7 zu fertigen. In welcher Auswahlantwort ist die Reihenfolge der verwendeten Werkzeuge richtig angegeben?

1 Maschinenreibahle 10H7
2 Zentrierbohrer oder NC-Anbohrer
3 Spiralbohrer ⌀ 7
4 Aufbohrer ⌀ 9,75

(1) 1 – 2 – 3 – 4
(2) 3 – 2 – 4 – 1
(3) 1 – 3 – 4 – 2
(4) 2 – 3 – 4 – 1
(5) 4 – 3 – 2 – 1

019

Die Passbohrung ⌀ 20H7 am Frästeil (Pos.-Nr. 2) wird durch Reiben hergestellt. Reibahlen haben eine unterschiedlich große Schneidenteilung (Abstand von Schneide zu Schneide). Was wird dadurch erreicht?

(1) Eine vollständige Spanabfuhr auch aus Grundlöchern.
(2) Die Reibahle kann für weiche und harte Werkstoffe verwendet werden.
(3) Eine hohe Oberflächengüte der Bohrung ohne Rattermarken wird erzielt.
(4) Dadurch ist es möglich, die Reibahle beliebig oft nachzuschleifen.
(5) Beim Reiben kann mit derselben Umdrehungsfrequenz wie beim Vorbohren gearbeitet werden.

020

Das Prüfen der Bohrung ⌀ 20H7 am Frästeil (Pos.-Nr. 2) ergab einen Messwert von 20,04 mm und damit Ausschuss, obwohl eine neue unbenutzte Reibahle verwendet wurde. Wodurch hätte man diese Ausschussfertigung vermeiden können?

(1) Erhöhung des Vorschubs
(2) Erhöhung der Umdrehungsfrequenz
(3) Durch Trockenbearbeitung
(4) Testen der Reibahle durch eine Probebohrung
(5) Durch Vergrößerung der Reibzugabe

021

Am Frästeil (Pos.-Nr. 2) ist eine Ortstoleranz angegeben. In welcher Auswahlantwort ist dafür das fachlich richtige Prüfmittel angegeben?

(1) Messschieber Form A
(2) Messschieber Form C
(3) Bügelmessschraube 0–25
(4) Innenfeinmessgerät
(5) Parallelendmaße

022

Sie müssen das Passmaß 20e8 am Drehteil (Pos.-Nr. 4) prüfen. Welches Prüfmittel setzen Sie dazu ein?

(1) Messschieber Form A analog
(2) Messschieber Form A digital
(3) Bügelmessschraube 0–25
(4) Feinzeiger
(5) Messuhr

023

Bei der Fertigung der Frästeile zeigte sich bei einigen Arbeitsgängen eine nur mäßige Zerspanbarkeit. Wählen Sie von den aufgeführten Stählen den Werkstoff aus, von dem Sie eine bessere Zerspanbarkeit erwarten.

(1) 10NiCr5-4
(2) 11SMnPb37
(3) 16MnCr5
(4) 28Mn6
(5) C60E

Lernfeld 2 – Fertigen von Bauelementen mit Maschinen

024

Sie werden das Rohteil (Pos.-Nr. 4) mit einer Schnittgeschwindigkeit von v_c = 200 m/min vordrehen. Welche Umdrehungsfrequenz n (in min^{-1}) müssen Sie dazu an Ihrer Drehmaschine einstellen?

1. n = 200 min^{-1}
2. n = 892 min^{-1}
3. n = 1 061 min^{-1}
4. n = 1 399 min^{-1}
5. n = 2 465 min^{-1}

Nebenrechnung Aufgabe 024:

025

Welches Maß darf bei der Fertigung des ⌀ 20e8 *nicht* unterschritten werden?

1. 19,927 mm
2. 19,932 mm
3. 19,941 mm
4. 20,927 mm
5. 20,941 mm

Nebenrechnung Aufgabe 025:

026

Die Drehteile (Pos.-Nrn. 3 und 4) sollen sich nach dem Fügen mit dem Frästeil (Pos.-Nr. 2) bewegen lassen. Welche Auswahlantwort gibt das axiale Mindest- und das Höchstspiel richtig an?

1. 0 mm/0,1 mm
2. 0,1 mm/0,2 mm
3. 0,1 mm/0,3 mm
4. 0,2 mm/0,3 mm
5. 0,2 mm/0,4 mm

Nebenrechnung Aufgabe 026:

Lernfeld 2 – Fertigen von Bauelementen mit Maschinen

U5

Bei der Vorbereitung der Werkzeuge stellen Sie fest, dass die Schneidhaltigkeit der Spiralbohrer nicht gegeben ist.
Nennen Sie drei Merkmale, die beim Schleifen der Spiralbohrer besonders zu beachten sind, damit Maßhaltigkeit und Sauberkeit der Bohrungen gewährleistet werden.

Aufgabenlösung:

Bewertung (10 bis 0 Punkte)

Ergebnis U5

Punkte

U6

Beim Rüsten der Fräsmaschine muss der Schraubstock ausgerichtet werden.
Beschreiben Sie in Stichworten den Ausrichtvorgang.

Aufgabenlösung:

Ergebnis U6

Punkte

Lernfeld 2 – Fertigen von Bauelementen mit Maschinen

U7

Weshalb werden bei der Fertigung des Drehteils (Pos.-Nr. 4) weiche Spannbacken verwendet? Nennen Sie zwei Gründe.

Aufgabenlösung:

U8

Benennen Sie die Schneidenwinkel 1, 2 und 3 an dem skizzierten Fräser mit Angabe des griechischen Buchstabens.

Aufgabenlösung:

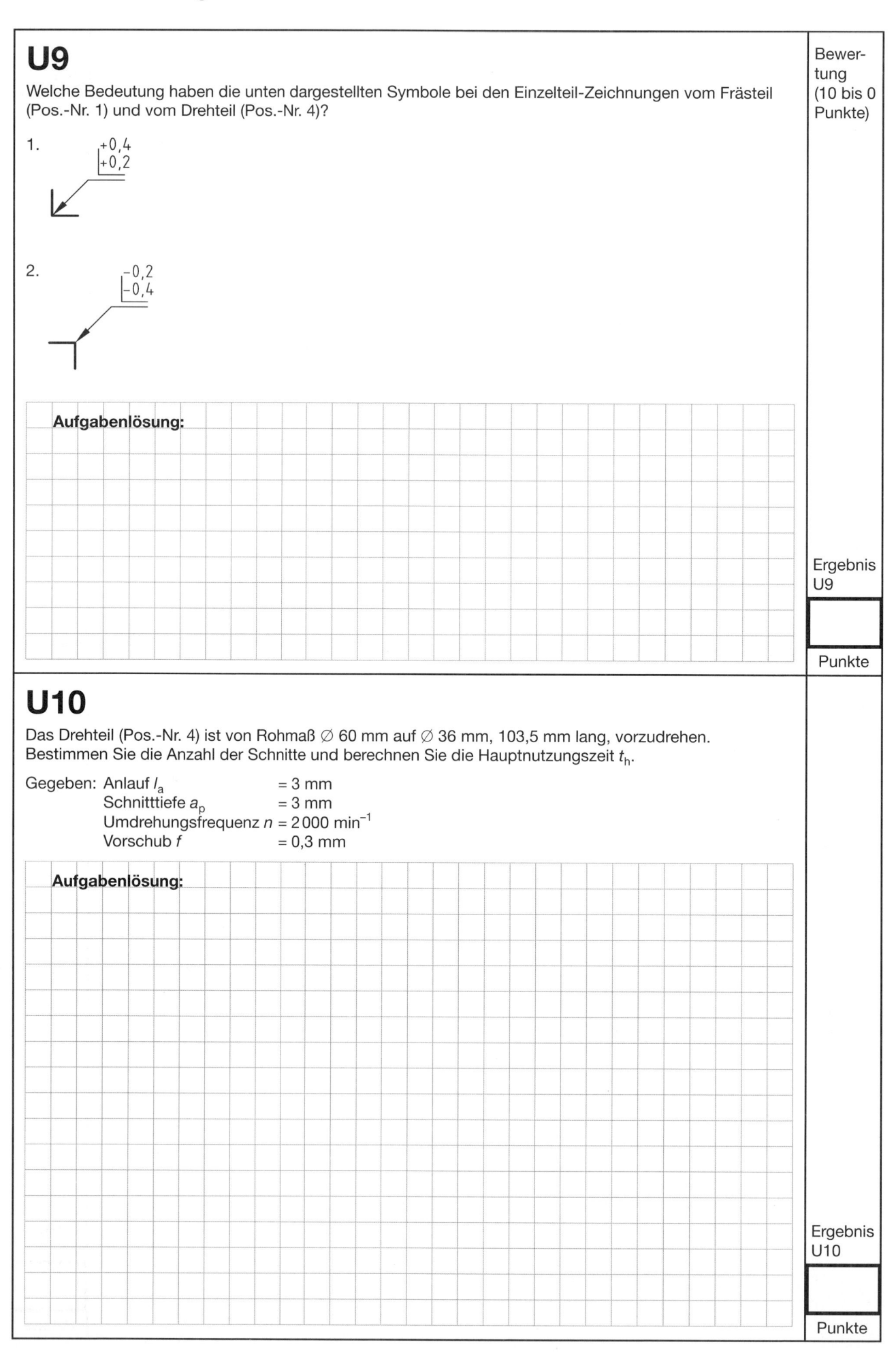

Lernfeld 2 – Fertigen von Bauelementen mit Maschinen

U9

Welche Bedeutung haben die unten dargestellten Symbole bei den Einzelteil-Zeichnungen vom Frästeil (Pos.-Nr. 1) und vom Drehteil (Pos.-Nr. 4)?

1. $^{+0,4}_{+0,2}$

2. $^{-0,2}_{-0,4}$

Aufgabenlösung:

U10

Das Drehteil (Pos.-Nr. 4) ist von Rohmaß ⌀ 60 mm auf ⌀ 36 mm, 103,5 mm lang, vorzudrehen. Bestimmen Sie die Anzahl der Schnitte und berechnen Sie die Hauptnutzungszeit t_h.

Gegeben:
- Anlauf l_a = 3 mm
- Schnitttiefe a_p = 3 mm
- Umdrehungsfrequenz n = 2 000 min^{-1}
- Vorschub f = 0,3 mm

Aufgabenlösung:

Lernfeld 2 – Fertigen von Bauelementen mit Maschinen

U11

Am Frästeil (Pos.-Nr. 2) und am Drehteil (Pos.-Nr. 4) sollen Gewinde gefertigt werden.
Geben Sie drei Gründe an für den Einsatz von Schneidöl beim Gewindebohren und beim Gewindeschneiden.

Aufgabenlösung:

U12

Nennen Sie drei Aufgaben von Kühlschmierstoffen.

Aufgabenlösung:

Lernfeld 3 – Herstellen von einfachen Baugruppen

Gebundene Aufgaben
Ungebundene Aufgaben

Auszug aus dem Rahmenlehrplan

Lernfeld 3: Herstellen von einfachen Baugruppen

1. Ausbildungsjahr
Zeitrichtwert: 80 Stunden

Zielformulierung:

Die Schülerinnen und Schüler bereiten das Herstellen von einfachen Baugruppen vor. Dazu lesen sie berufstypische Gesamt- und Gruppenzeichnungen, Anordnungspläne und einfache Schaltpläne und können die Funktionszusammenhänge der Baugruppen beschreiben und erklären.

Sie erstellen und ändern Teil- und Gruppenzeichnungen sowie Stücklisten und wenden Informationen aus technischen Unterlagen an. Auch unter Verwendung von Lernprogrammen planen sie einfache Steuerungen und wählen die entsprechenden Bauteile aus.

Sie beschreiben die sachgerechte Montage von Baugruppen und vergleichen Montagevorschläge auch unter Anwendung fachsprachlicher und englischsprachiger Begriffe. Einzelteile werden systematisch und normgerecht gekennzeichnet. Die Schülerinnen und Schüler verwenden Montageanleitungen und entwickeln Montagepläne unter Berücksichtigung von Montagehilfsmitteln und kundenspezifischen Anforderungen.

Sie unterscheiden Fügeverfahren nach ihren Wirkprinzipien und ordnen sie anwendungsbezogen zu.

Sie wählen die erforderlichen Werkzeuge, Normteile und Vorrichtungen produktbezogen aus und organisieren einfache Montagearbeiten im Team.

Sie entwickeln Prüfkriterien für Funktionsprüfungen, erstellen Prüfpläne und Prüfprotokolle und dokumentieren und präsentieren diese. Sie bewerten Prüfergebnisse, beseitigen Qualitätsmängel, optimieren Montageabläufe und berücksichtigen deren Wirtschaftlichkeit.

Sie beachten die Bestimmungen des Arbeits- und des Umweltschutzes.

Inhalte:

Teil-, Gruppen- und Gesamtzeichnungen, Anordnungspläne
Technische Informationsquellen
Funktionsbeschreibungen
Stückliste und Montagepläne
Montagebeschreibungen
Werkzeuge, Vorrichtungen
Werk-, Hilfs- und Zusatzstoffe
Grundlagen des kraft-, form- und stoffschlüssigen Fügens
Normteile
Grundlagen des Qualitätsmanagements
Funktionsprüfung
Kraft- und Drehmomentberechnungen
Grundlagen der Steuerungstechnik
Arbeitsorganisation und Arbeitsplanung
Montagekosten

Lernfeld 3 – Herstellen von einfachen Baugruppen

027

Was beinhaltet eine Stückliste?

(1) Vorgabezeit, Formtolerierung

(2) Kalkulationspreis, Stückpreis

(3) Positionsnummer, Stückzahl

(4) Toleranzen, Lagetolerierung

(5) Oberflächenangaben, Projektionsmethode

028

Welche Behauptung über die Benennung der Teile in der Stückliste ist richtig?

(1) Bei Halbzeugen ist in die Spalte Benennung die Halbzeugbezeichnung, z. B. Rundstahl, einzutragen.

(2) Bei Normteilen ist in die Spalte Benennung die DIN-Nummer einzutragen.

(3) Die Benennung ist unabhängig von der Stückzahl immer in der Einzahl anzugeben.

(4) Die Benennung der Normteile soll nach dem Zweck des Teils erfolgen, z. B. Kontermutter.

(5) Die Benennung der Teile nach der Bauform soll vermieden werden, z. B. Wälzlager.

029

In der Stückliste steht für das Frästeil (Pos.-Nr. 1) die Angabe Fl 60 × 20 × 102 EN 10278. Um welches Halbzeug handelt es sich dabei?

(1) Warmgewalzter Flachstahl

(2) Blankgezogener Flachstahl

(3) Blankgezogener Vierkantstahl

(4) Warmgewalzter Vierkantstahl

(5) Warmgewalzter Vergütungsstahl

030

In den Teilschnitten der Zusammenbauzeichnung sind einige Bauteile nicht schraffiert dargestellt. In welcher Auswahlantwort sind die Teile angegeben, die grundsätzlich in Technischen Zeichnungen nicht in Längsrichtung geschnitten werden dürfen?

(1) Wellen und Stifte

(2) Gleitlager und Wälzlager

(3) Sicherungsringe und Nutmuttern

(4) Prismatische und runde Teile mit Hohlräumen

(5) Zahnräder und Riemenscheiben

031

Der Werkstoff der Zylinderschraube (Pos.-Nr. 5) ist durch 5.8 gekennzeichnet. Bei welcher Auswahlantwort sind die Festigkeitsangaben richtig zugeordnet?

	Zugfestigkeit R_m	Streckgrenze R_e
(1)	5 N/mm²	8 N/mm²
(2)	8 N/mm²	5 N/mm²
(3)	9 N/mm²	8 N/mm²
(4)	500 N/mm²	400 N/mm²
(5)	800 N/mm²	500 N/mm²

032

Am Drehteil (Pos.-Nr. 4) hat der Konstrukteur einen Freistich DIN 76-A vorgesehen. Welcher funktionale Grund spricht dafür?

(1) Damit das Gewinde gefertigt werden kann.

(2) Das Gewinde kann nicht ohne Freistich gefertigt werden.

(3) Damit die beiden Drehteile beim Fügen plan anliegen.

(4) Das Gewinde kann ohne Kühlschmierung gefertigt werden.

(5) Damit die Hauptnutzungszeit optimiert wird.

Lernfeld 3 – Herstellen von einfachen Baugruppen

033

Welchem Fügeverfahren ist die Art des Zusammenhalts *falsch* zugeordnet?

1. Einpressen – Kraftschluss
2. Kleben – Adhäsion/Kohäsion
3. Urformen – Kraftschluss
4. Löten – Stoffschluss
5. Fügen durch Umformen – Formschluss

034

Aus welchen drei Baugruppen besteht eine komplette Pneumatikanlage?

1. Druckluftspeicher, Aufbereitungseinheit, Signalglieder
2. Verdichter, Steuerung, Antriebsglieder
3. Druckerzeugeranlage, Aufbereitungseinheit, Antriebsglieder
4. Aufbereitungseinheit, Steuerglieder, Antriebsglieder
5. Druckerzeugeranlage, Aufbereitungseinheit, Steuerung mit Antriebsgliedern

035

Welche Bedeutung hat der Pfeil im Bauteil?

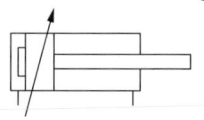

1. Das Bauteil muss in der Schaltung am höchsten Punkt eingebaut werden.
2. An dem Bauteil kann die Ausfahrgeschwindigkeit geregelt werden.
3. An dem Bauteil kann die Einfahrgeschwindigkeit geregelt werden.
4. Das Bauteil hat eine einstellbare Endlagendämpfung.
5. Das Bauteil kann durch einen einfach wirkenden Zylinder ersetzt werden.

036

Um welches Ventil handelt es sich?

1. 2/2-Wegeventil
2. 3/2-Wegeventil
3. 4/3-Wegeventil
4. 5/2-Wegeventil
5. 5/3-Wegeventil

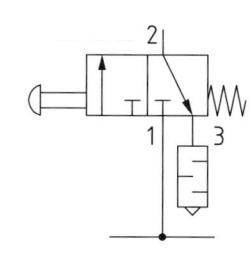

037

Der Zylinder im Schaltplan soll von zwei Stellen aus wahlweise betätigt werden können. Welches Schaltsymbol muss im Schaltplan eingesetzt werden?

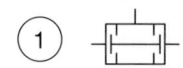

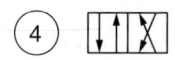

1.
2. 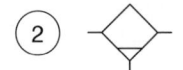
3. 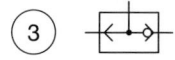
4.
5.

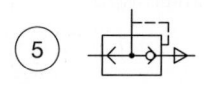

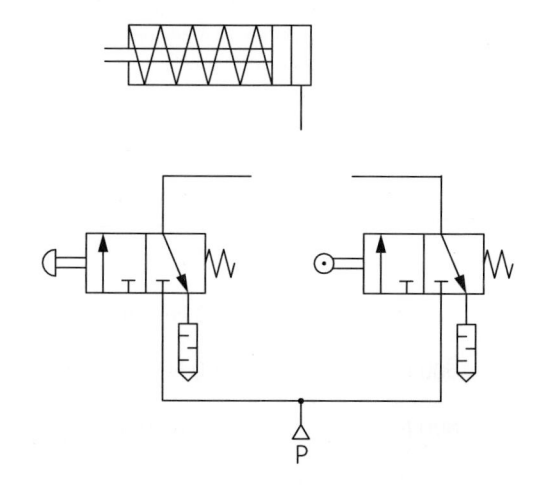

Lernfeld 3 – Herstellen von einfachen Baugruppen

U13

Nennen Sie fünf Informationen, die auf der Zeichnung (Blatt 1(3)) enthalten sind.

Aufgabenlösung:

Bewertung (10 bis 0 Punkte)

Ergebnis U13

Punkte

U14

Die Drehteile (Pos.-Nrn. 3 und 4) sollen sich nach dem Zusammenbau im Frästeil (Pos.-Nr. 2) bewegen lassen.
Von welchen Maßen ist diese Funktion abhängig?

Aufgabenlösung:

Ergebnis U14

Punkte

Lernfeld 3 – Herstellen von einfachen Baugruppen

U15
Erklären Sie den Begriff Kraftschluss und nennen Sie zwei Beispiele kraftschlüssiger Verbindungen.

Aufgabenlösung:

Bewertung (10 bis 0 Punkte)

Ergebnis U15

Punkte

U16
In vielen Betrieben existiert ein Qualitätsmanagementsystem (QM) nach DIN ISO 9000. Nennen Sie zwei wesentliche Ziele eines Qualitätsmanagementsystems.

Aufgabenlösung:

Ergebnis U16

Punkte

Lernfeld 4 – Warten technischer Systeme

Gebundene Aufgaben
Ungebundene Aufgaben

Auszug aus dem Rahmenlehrplan

Lernfeld 4: Warten technischer Systeme

1. Ausbildungsjahr
Zeitrichtwert: 80 Stunden

Zielformulierung:

Die Schülerinnen und Schüler bereiten die Wartung von technischen Systemen, insbesondere von Betriebsmitteln, vor und ermitteln Einflüsse auf deren Betriebsbereitschaft. Dabei bewerten sie die Bedeutung dieser Instandhaltungsmaßnahme unter den Gesichtspunkten Sicherheit, Verfügbarkeit und Wirtschaftlichkeit.

Sie lesen Anordnungspläne, Wartungspläne und Anleitungen auch in englischer Sprache. Sie planen Wartungsarbeiten und bestimmen die notwendigen Werkzeuge und Hilfsstoffe. Sie wenden die Grundlagen der Elektrotechnik und der Steuerungstechnik an und erklären einfache Schaltpläne in den verschiedenen Gerätetechniken.

Sie beachten die Bestimmungen des Arbeits- und Umweltschutzes. Dabei berücksichtigen sie besonders die Sicherheitsvorschriften für elektrische Betriebsmittel. Sie messen und berechnen elektrische und physikalische Größen. Sie bewerten und diskutieren ihre Arbeitsergebnisse und stellen diese dar.

Inhalte:

Grundbegriffe der Instandhaltung
Wartungspläne
Anordnungspläne
Betriebsanleitungen
Betriebsorganisation
Verschleißursachen, Störungsursachen
Schmier- und Kühlschmierstoffe, Entsorgung
Korrosionsschutz und Korrosionsschutzmittel
Funktionsprüfung
Instandhaltungs- und Ausfallkosten, Störungsfolgen
Schadensanalyse
Größen im elektrischen Stromkreis, Ohmsches Gesetz
Gefahren des elektrischen Stroms, elektrische Sicherheit
Normen und Verordnungen

Lernfeld 4 – Warten technischer Systeme

038

Was ist maßgebend für den Zeitpunkt des Ölwechsels im Getriebe einer Werkzeugmaschine?

(1) Eine leichte Verfärbung des Öls

(2) Starke Lagergeräusche

(3) Der Wartungsplan des Herstellers

(4) Eine starke Erwärmung der Lager

(5) Ein sichtbarer Ölspiegel im Schauglas

039

Für verschiedene Arbeitsgänge sind bei der Fertigung Ihrer Drehteile Kühlschmierstoffe erforderlich. Um deren Einsatzbereitschaft zu gewährleisten, müssen diese überwacht werden. Welche Maßnahme dient *nicht* der Überwachung?

(1) Füllstandshöhe der Kühlemulsion überprüfen

(2) Bestimmung des pH-Werts der Kühlemulsion

(3) Dichtebestimmung der Kühlemulsion

(4) Bestimmung des Nitratgehalts der Kühlemulsion

(5) Ermittlung der Konzentration

040

Die Zerspanung des Drehteils wird mit Kühlschmierstoff durchgeführt. Wie muss dieser vorschriftsmäßig entsorgt werden?

(1) Verdünnen mit Wasser, bis er unschädlich ist

(2) Entsorgung nach Zugeben von Additiven zur besseren Umweltverträglichkeit

(3) Die Entsorgung darf nur über einen zugelassenen Fachbetrieb erfolgen

(4) Entsorgung durch ein nicht zertifiziertes Recycling-Unternehmen

(5) Kühlschmierstoff kann wie normales Abwasser entsorgt werden

041

Während Sie an Ihrer Maschine das Werkstück schruppen, löst der Motorschutzschalter aus und die Maschine bleibt stehen. Welche Ursache hat dazu geführt?

(1) Der Antriebsmotor wurde kurzzeitig etwas überlastet.

(2) Die Stromaufnahme des Motors war zu gering.

(3) Kurzzeitig wurde eine zu hohe Schnittleistung abverlangt.

(4) Über längere Zeit anhaltend wurde eine zu hohe Schnittleistung abverlangt.

(5) Die Netzspannung ist um 10 V abgefallen.

042

Welche Aussage über die Betriebsorganisation ist richtig?

(1) Die Betriebsorganisation umfasst die Planung, Gestaltung und Steuerung von Arbeitssystemen einschließlich der dazu erforderlichen Datenermittlung.

(2) Die Betriebsorganisation beschäftigt sich ausschließlich mit Einkauf und Verkauf von Waren.

(3) Die Betriebsorganisation befasst sich ausschließlich mit der Datenerfassung, welche sie für die Steuerung benötigt.

(4) Die Betriebsorganisation befasst sich mit der Zuweisung von Aufgaben und Kompetenzen bei den oberen Instanzen eines Unternehmens.

(5) Die Betriebsorganisation entspricht der Ablauforganisation.

043

Unter welchen Umständen ist es sinnvoll, eine Schadensanalyse durchzuführen?

(1) Die Durchführung einer Schadensanalyse ist nur sinnvoll, wenn es sich um einen Werkstofffehler handelt.

(2) Wenn ein Schaden vorliegt, ist es nicht mehr sinnvoll, eine Schadensanalyse durchzuführen.

(3) Die Durchführung einer Schadensanalyse ist zur Klärung und Vermeidung von weiteren Schadensfällen sinnvoll.

(4) Die Durchführung einer Schadensanalyse ist nur bei mangelhafter Fertigung sinnvoll.

(5) Die Durchführung einer Schadensanalyse ist nur bei konstruktiven Mängeln sinnvoll.

Lernfeld 4 – Warten technischer Systeme

044

Wie groß ist in der skizzierten Schaltung der Strom I (in mA)?

1. $I = 1200$ mA
2. $I = 920$ mA
3. $I = 480$ mA
4. $I = 156$ mA
5. $I = 89$ mA

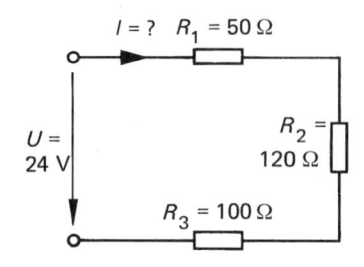

Schaltung: $U = 24$ V, $R_1 = 50\,\Omega$, $R_2 = 120\,\Omega$, $R_3 = 100\,\Omega$

Nebenrechnung Aufgabe 044:

045

Durch einen Widerstand von 1,25 Ω soll ein Strom von 4,8 A fließen. An welche Spannung U (in V) muss der Widerstand angeschlossen werden?

1. $U = 0,6$ V
2. $U = 2,6$ V
3. $U = 3,8$ V
4. $U = 6,0$ V
5. $U = 7,5$ V

Nebenrechnung Aufgabe 045:

046

Worin besteht im Umgang mit elektrischem Strom die größte Gefahr?

1. In der Höhe des elektrischen Widerstands des Körpers (gemessen in Ohm)
2. In der Höhe der Frequenz des elektrischen Stroms (gemessen in Hertz)
3. In der Höhe der Stromstärke (gemessen in Ampere)
4. In der Art des elektrischen Stroms (Gleich- oder Wechselstrom)
5. In der Höhe der elektrischen Spannung (gemessen in Volt)

047

Sie treffen als Erster bei einem elektrischen Unfall ein und stellen fest, dass der Verunglückte noch die spannungsführende Leitung berührt. Welche Maßnahme müssen Sie als Erstes durchführen?

1. Den Arzt verständigen
2. Die Spannung abschalten
3. Die Leitung erden und kurzschließen
4. Den Verletzten in die Seitenlage bringen
5. Den Verletzten von der Leitung wegziehen

Lernfeld 4 – Warten technischer Systeme

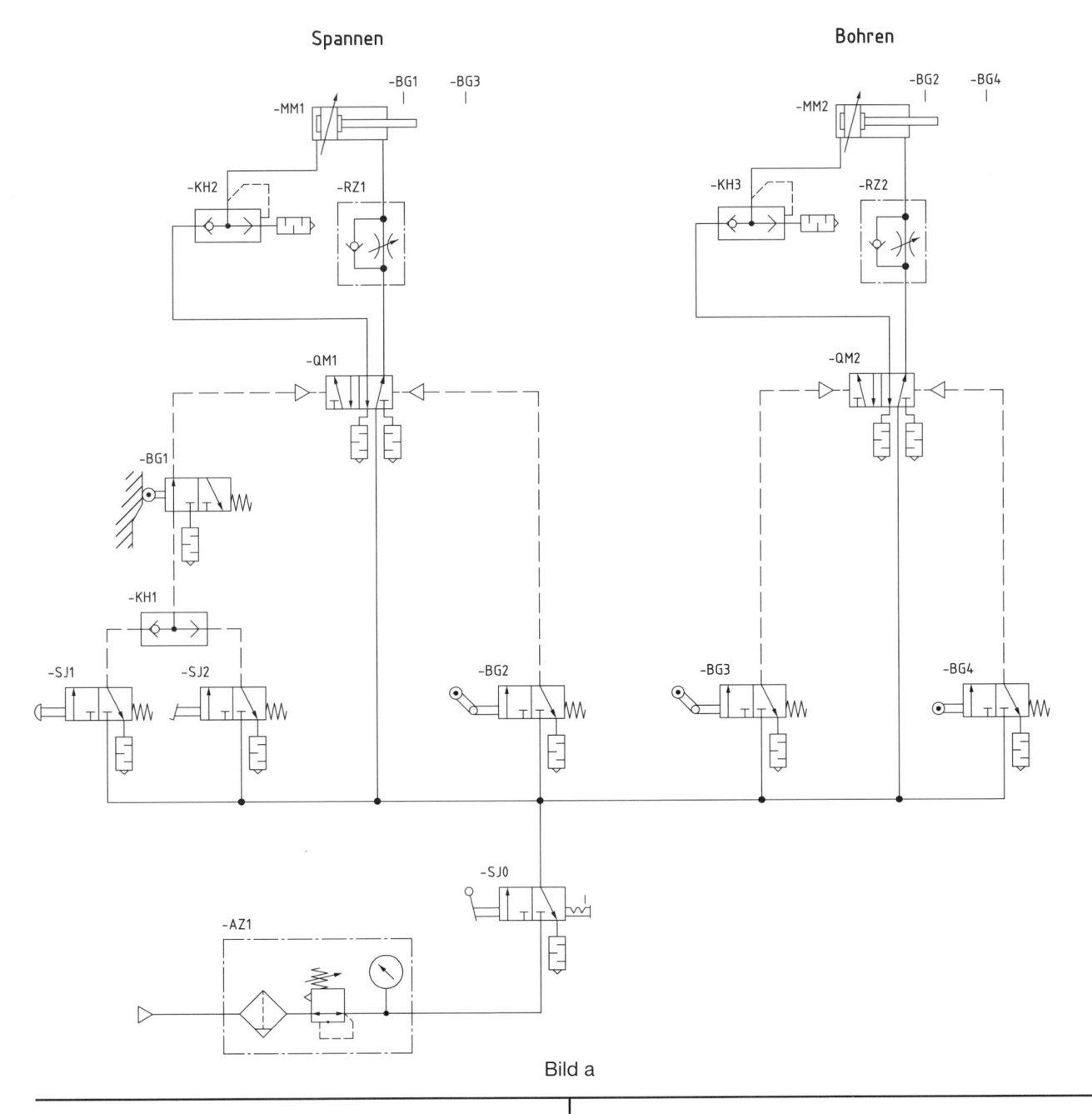

Bild a

048

Bild a. Zu den Maschinenunterlagen Ihrer Fräsmaschine gehört der Schaltplan dieser Bohreinheit. Um welche Art Schaltplan handelt es sich dabei?

(1) Pneumatischer Schaltplan

(2) Elektropneumatischer Schaltplan

(3) Elektrohydraulischer Schaltplan

(4) Lageplan

(5) Plan einer speicherprogrammierbaren Steuerung

049

Bild a. Die Zylinder der Antriebsglieder zeigen Reibungsprobleme und Korrosionserscheinungen. Um welche Funktionseinheit ist die Wartungseinheit (Aufbereitungseinheit) zu ergänzen?

(1) Filter

(2) Druckregelventil

(3) Druckbegrenzungsventil

(4) Öler

(5) Geräuschdämpfer

Lernfeld 4 – Warten technischer Systeme

U17
Zählen Sie drei verschiedene Schmierstoffarten auf und nennen Sie drei Aufgaben von Schmierstoffen.

Aufgabenlösung:

Bewertung (10 bis 0 Punkte)

Ergebnis U17

Punkte

U18
Nennen Sie drei Maßnahmen, durch die sich die Lebensdauer von Maschinen oder Anlagen erhöht.

Aufgabenlösung:

Ergebnis U18

Punkte

Lernfeld 5 – Herstellen von Bauelementen durch spanende Fertigungsverfahren

Gebundene Aufgaben
Ungebundene Aufgaben

Auszug aus dem Rahmenlehrplan

Lernfeld 5: Herstellen von Bauelementen durch spanende Fertigungsverfahren

2. Ausbildungsjahr
Zeitrichtwert: 100 Stunden

Zielformulierung:

Die Schülerinnen und Schüler stellen Bauelemente aus Eisen- und Nichteisenmetallen sowie Kunststoffen durch spanende Fertigungsverfahren her. Dazu analysieren, erstellen und ändern sie auftragsbezogene Unterlagen. Sie nutzen technische Informationsquellen und Anwendungsprogramme.

Mit geeigneten Untersuchungsverfahren bestimmen die Schülerinnen und Schüler die mechanischen und technologischen Eigenschaften des zu zerspanenden Werkstoffs, bestimmen dessen Eigenschaftsprofil für die Zerspanbarkeit und leiten daraus geeignete Werkzeuggeometrien und Schneidstoffe ab.

Entsprechend den Werkstückanforderungen wählen sie geeignete Fertigungsverfahren, Werkzeugmaschinen und Werkzeuge aus und beachten dabei die technologischen Wirkprinzipien.

Sie wählen Werkstück- und Werkzeugspannmittel aus und planen das Einrichten der Maschine.

Sie bestimmen den Kühlschmierstoff und überwachen dessen Einsatzfähigkeit.

Die Schülerinnen und Schüler legen die für die Herstellung der Bauelemente notwendigen Fertigungsschritte und Fertigungsparameter fest, dokumentieren und präsentieren diese in einem Arbeitsplan. Sie diskutieren und bewerten alternative Lösungsmöglichkeiten, auch unter wirtschaftlichen Aspekten. Sie beachten dabei die Einflüsse der Fertigungsparameter auf die Maßhaltigkeit und die Oberflächengüte des Werkstücks.

Zur Qualitätssicherung in der Fertigung werden Prüfverfahren und Prüfmittel auftragsbezogen ausgewählt, deren Einsatzfähigkeit festgestellt, Prüfpläne und Prüfvorschriften angewendet und die Ergebnisse dokumentiert.

Die Schülerinnen und Schüler beachten die Bestimmungen des Arbeits- und Umweltschutzes.

Sie reflektieren und bewerten die gesamte Auftragsabwicklung im Team und reagieren sachbezogen auf Kritik an ihrer Arbeit.

Inhalte:

Teil-, Gruppen-, Gesamtzeichnung

Fertigungsunterlagen: Arbeitsplan, Einrichteblatt, Werkzeugdatenblatt, Prüfplan

Dreh-, Frästechnik und Schleiftechnik

Schneidstoffe

Fertigungsparameter: Technologiedaten, Schneidengeometrie, Schnittkraft, Schnitt- und Maschinenleistung, Zeitspanungsvolumen, Hauptnutzungszeit, Fertigungskosten

Spanbildung

Verschleiß, Standzeit

Funktionsbeschreibungen von Teilsystemen der Werkzeugmaschine

Bewegungen an Werkzeugmaschinen

Maschinenelemente, Übersetzungsverhältnis, Drehmoment

Spannkräfte

Qualitätssicherung

Lernfeld 5 – Herstellen von Bauelementen durch spanende Fertigungsverfahren

050

Aus welchen Komponenten setzt sich die Zerspankraft F zusammen?

	F_c	F_f	F_p
1	Schnittkraft	Vorschubkraft	Parallelkraft
2	Schnittkraft	Vorschubkraft	Passivkraft
3	Schnittkraft	Rückkraft	Parallelkraft
4	Rückkraft	Vorschubkraft	Passivkraft
5	Rückkraft	Parallelkraft	Vorschubkraft

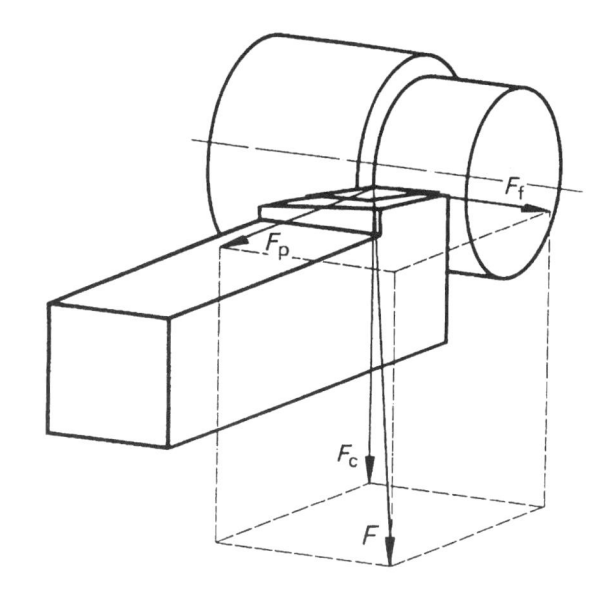

051

Bei der Zerspanung ist die Einsatzfähigkeit Ihrer Werkzeuge zu beurteilen. Dazu müssen Sie die Verschleißmerkmale an den Werkzeugen beobachten. Wie wird die mit 2 gekennzeichnete Verschleißform bezeichnet?

1. Kantenabrundung
2. Freiflächenverschleiß
3. Kolkverschleiß
4. Kerbverschleiß
5. Kammrissverschleiß

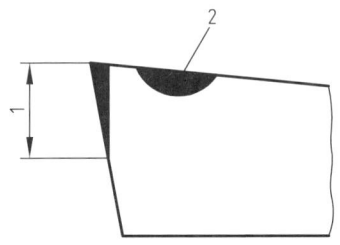

052

Bei der Zerspanung der Drehteile (Pos.-Nrn. 3 und 4) kommt es zum Verschleiß der Werkzeugschneiden. Der Verschleiß hat Auswirkungen auf das Arbeitsergebnis. In welcher Auswahlantwort stehen nur Folgen, die durch den Verschleiß verursacht werden?

1. Oberflächenverbesserung, Formabweichungen, Standzeiterhöhung
2. Maßabweichungen, Standzeitreduzierung, Erhöhung der Reibung
3. Verringerung der Reibung, Oberflächenverbesserung, Schnittkraftreduzierung
4. Standzeiterhöhung, Formverbesserung, Erhöhung der Reibung
5. Schnittkrafterhöhung, Standzeiterhöhung, Oberflächenverbesserung

053

Beim Längs-Runddrehen wurde mit einem Eckenradius von 0,4 mm und einem Vorschub von 0,25 mm gearbeitet. Durch Umstellung soll der Vorschub auf 0,45 mm erhöht werden, ohne dass sich die Rautiefe ändert. Wie groß muss der Eckenradius R (in mm) des zu verwendenden Drehmeißels sein?

1. $R = 0,4$ mm
2. $R = 0,8$ mm
3. $R = 1,2$ mm
4. $R = 1,6$ mm
5. $R = 2,0$ mm

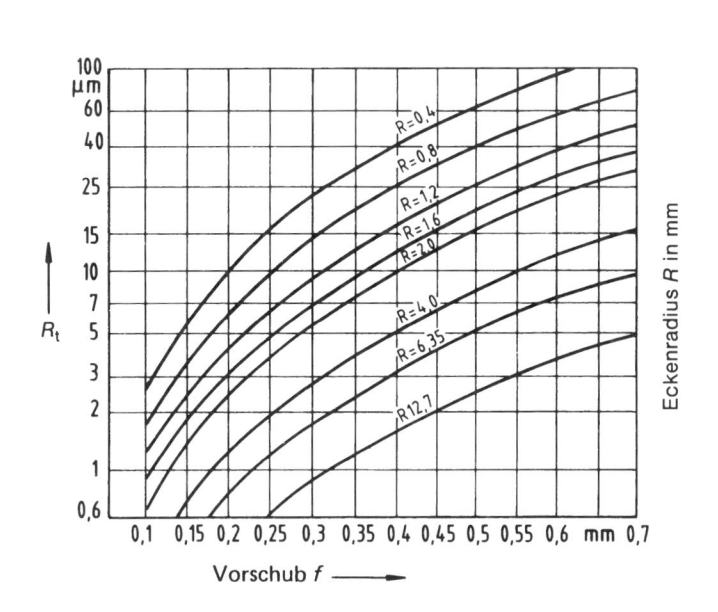

Lernfeld 5 – Herstellen von Bauelementen durch spanende Fertigungsverfahren

054

Beim Vordrehen arbeiten Sie mit einem Vorschub von 0,3 mm. Folgende Werte sind ebenfalls bekannt:
$k_c = 1935$ N/mm², $a_p = 3$ mm.
Ermitteln Sie die Schnittkraft F_c.
Hinweis: Der Wert zur spezifischen Schnittkraft berücksichtigt bereits alle Korrekturwerte.

1. $F_c = 194$ N
2. $F_c = 581$ N
3. $F_c = 1242$ N
4. $F_c = 1742$ N
5. $F_c = 1935$ N

Nebenrechnung Aufgabe 054:

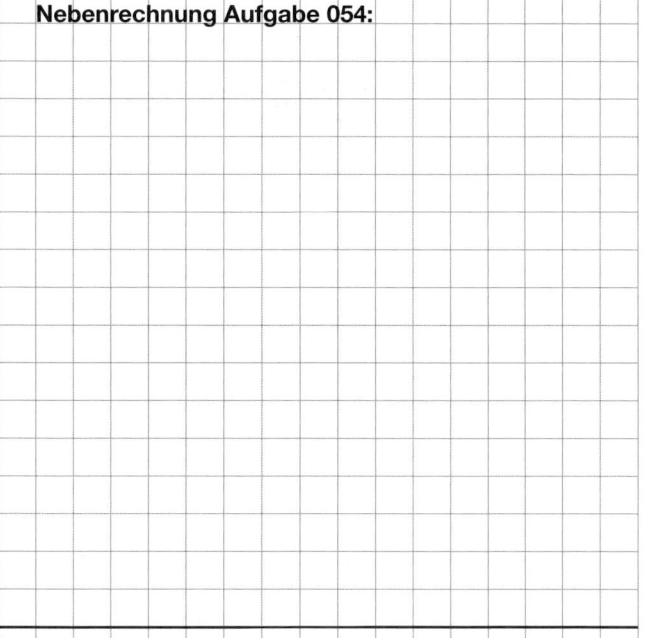

055

Sie fertigen die Kernbohrung des Drehteils (Pos.-Nr. 3) mit einem Spiralbohrer. Dazu ist eine Schnittgeschwindigkeit $v_c = 25$ m/min vorgegeben.
Berechnen Sie die einzustellende Umdrehungsfrequenz.

1. $n = 936$ min⁻¹
2. $n = 2983$ min⁻¹
3. $n = 7958$ min⁻¹
4. $n = 15444$ min⁻¹
5. $n = 66686$ min⁻¹

Nebenrechnung Aufgabe 055:

056

Sie fertigen die Drehteile (Pos.-Nrn. 3 und 4) mit Hartmetallwerkzeugen. Bis zu welcher Arbeitstemperatur bleibt Hartmetall schneidhaltig?

1. ~ 500 °C
2. ~ 721 °C
3. ~ 1000 °C
4. ~ 1500 °C
5. ~ 2130 °C

057

Durch welche Fertigungsfolge können Sie die geforderte Lauftoleranz am Drehteil (Pos.-Nr. 4) gewährleisten?

1. Linke Seite fertigen, umspannen in weiche Spannbacken, rechte Seite fertigen
2. Linke Seite fertigen, umspannen in harte Spannbacken, rechte Seite fertigen
3. Rechte Seite fertigen, umspannen in harte Spannbacken, linke Seite fertigen
4. Gesamtes Werkstück mit Stirnseitenmitnehmer fertigen.
5. Gesamtes Werkstück zwischen Spitzen fertigen

Lernfeld 5 – Herstellen von Bauelementen durch spanende Fertigungsverfahren

058

Bei der Fertigung Ihrer Frästeile können Sie bei bestimmten Arbeitsgängen zwischen Gegenlauf- und Gleichlauffräsen wählen. Welcher Auswahlantwort zum Gleichlauffräsen stimmen Sie zu?

(1) Vorschub- und Zustellbewegung sind einander entgegengerichtet.

(2) Vorschub- und Zustellbewegung sind einander gleichgerichtet.

(3) Vorschub- und Schnittbewegung sind einander entgegengerichtet.

(4) Vorschub- und Schnittbewegung sind einander gleichgerichtet.

(5) Vorschub- und Nachstellbewegung sind einander entgegengerichtet.

059

Am Frästeil (Pos.-Nr. 2) soll die Bohrung ⌀ 20H7 mit einem Spiralbohrer ⌀ 16 vorgebohrt werden. Für das Bohren wurde eine Umdrehungsfrequenz $n = 450$ min^{-1} und ein Vorschub $f = 0,25$ mm an der Fräsmaschine eingestellt. Wie groß ist bei diesen Werten die Vorschubgeschwindigkeit v_f (in mm/min)?

(1) $v_f = 56,3$ mm/min

(2) $v_f = 112,5$ mm/min

(3) $v_f = 176,9$ mm/min

(4) $v_f = 225,0$ mm/min

(5) $v_f = 353,4$ mm/min

Nebenrechnung Aufgabe 059:

060

Die Härte von Schleifscheiben ist von „äußerst weich" bis „äußerst hart" festgelegt. Wie wird die Härte der Schleifscheibe ISO 603-1 1 N-300 × 50 × 76,2 – A/F 36 L 5 V – 50 bezeichnet?

(1) Äußerst hart

(2) Sehr hart

(3) Hart

(4) Mittel

(5) Sehr weich

061

In welchem Fall wird eine weiche Schleifscheibe verwendet?

(1) Wenn harte Metalle geschliffen werden sollen

(2) Wenn weiche Metalle geschliffen werden sollen

(3) Wenn die Berührungsflächen zwischen Schleifscheibe und Werkstück klein sind

(4) Wenn mit unterbrochenem Schnitt gearbeitet werden soll

(5) Wenn der Scheibenverschleiß groß ist und die Oberfläche eine geringe Rautiefe aufweisen soll

Lernfeld 5 – Herstellen von Bauelementen durch spanende Fertigungsverfahren

062

Für die Schleifteile (Pos.-Nrn. 7 bis 9) ist die Oberflächenbeschaffenheit mit Rz 6,3 vorgeschrieben. Für die Fertigung an der Schleifmaschine stehen Schleifscheiben mit unterschiedlicher Körnung zur Verfügung. Welche Behauptung über die Körnung einer Schleifscheibe ist richtig?

1. Eine feine Körnung ermöglicht eine große Spanleistung.
2. Je feiner die Körnung, umso kleiner wird die Rautiefe der Werkstückoberfläche.
3. Schleifscheiben mit grober Körnung eignen sich nicht für Nassschliff.
4. Je feiner die Körnung, umso härter ist die Schleifscheibe.
5. Je feiner die Körnung, umso kleiner muss die Umfangsgeschwindigkeit sein.

063

Welche Größen beeinflussen die Umfangsgeschwindigkeit einer Schleifscheibe beim Innenlängs-Rundschleifen?

1. Die Vorschubgeschwindigkeit
2. Die Zustelltiefe und der Vorschub
3. Die Schleifscheibenzusammensetzung und der Durchmesser der Schleifscheibe
4. Die Umdrehungsfrequenz des Werkstücks
5. Die Umdrehungsfrequenz und der Durchmesser der Schleifscheibe

064

Die Schleifscheibe einer Rundschleifmaschine hat eine Umdrehungsfrequenz von $n_s = 1\,420\ \text{min}^{-1}$. Welcher maximale Schleifscheibendurchmesser d (in mm) kann auf dieser Maschine noch verwendet werden, wenn die Schnittgeschwindigkeit der Schleifscheibe von $v_c = 35{,}0$ m/s nicht überschritten werden darf?

1. $d = 225$ mm
2. $d = 265$ mm
3. $d = 312$ mm
4. $d = 380$ mm
5. $d = 471$ mm

Nebenrechnung Aufgabe 064:

065

Das Rundschleifteil (Pos.-Nr. 9) hat an der rechten Seite eine Freidrehung ⌀ 12 x 1. Weshalb ist diese Freidrehung erforderlich?

1. Sie dient als Schutzsenkung für die Zentrierbohrung.
2. Sie hat keine Bedeutung für die Fertigung.
3. Sie ist zum Schleifen der rechten Stirnseite erforderlich.
4. Sie ist nur aus optischen Gründen angebracht.
5. Sie wird für das Oberflächenhärten benötigt.

066

Sie müssen die Symmetrie des Passmaßes 30H8 vom Flachschleifteil (Pos.-Nr. 8) überprüfen. Welches Prüfmittel ist dafür geeignet?

1. Parallelendmaße
2. Messschieber Form A
3. Messschieber Form C
4. Bügelmessschraube 0–25
5. Bügelmessschraube 25–50

Lernfeld 5 – Herstellen von Bauelementen durch spanende Fertigungsverfahren

U19

Bei der Bearbeitung der Drehteile stellen Sie fest, dass die Oberflächengüte nicht der geforderten Rautiefe entspricht.
Geben Sie jeweils zwei Merkmale an, die zu einer kleineren Rautiefe führen und durch die Werkzeuggeometrie des Drehmeißels bzw. durch die Auswahl der Schnittgrößen bestimmt sind.

Aufgabenlösung:

Drehmeißel:

Schnittgrößen:

U20

Am Schleifteil (Pos.-Nr. 9) wird ein Morsekegel MK4 gefertigt.
Wodurch werden Oberfläche und Tragbild des Morsekegels beeinflusst?
Nennen Sie insgesamt vier Kriterien.

Aufgabenlösung:

Lernfeld 5 – Herstellen von Bauelementen durch spanende Fertigungsverfahren

U21

Die Schleifteile (Pos.-Nrn. 7, 8 und 9) werden durch Schleifen fertig bearbeitet.
Welche Vorteile hat das Schleifen gegenüber den Fertigungsverfahren Drehen und Fräsen?
Nennen Sie drei Vorteile.

Aufgabenlösung:

Bewertung (10 bis 0 Punkte)

Ergebnis U21

Punkte

U22

Bei der Qualitätskontrolle der Fräs-, Dreh- und Schleifteile können Grenzlehrdorne und Grenzrachenlehren verwendet werden.
Nennen Sie jeweils zwei Merkmale der Ausschussseiten.

Aufgabenlösung:

Grenzlehrdorn

–

–

Grenzrachenlehre

–

–

Ergebnis U22

Punkte

Lernfeld 5 – Herstellen von Bauelementen durch spanende Fertigungsverfahren

U23

Nennen Sie drei Gründe, warum Prüfmittel wie Messschieber und Bügelmessschraube regelmäßig auf Genauigkeit geprüft werden müssen.

Aufgabenlösung:

U24

Nennen Sie vier Ziele der betrieblichen Qualitätssicherung.

Aufgabenlösung:

Lernfeld 6 – Warten und Inspizieren von Werkzeugmaschinen

Gebundene Aufgaben
Ungebundene Aufgaben

Auszug aus dem Rahmenlehrplan

Lernfeld 6: Warten und Inspizieren von Werkzeugmaschinen

2. Ausbildungsjahr
Zeitrichtwert: 40 Stunden

Zielformulierung:

Die Schülerinnen und Schüler warten und inspizieren Werkzeugmaschinen, sicherheitstechnische Einrichtungen und periphere Systeme zur Aufrechterhaltung einer störungsfreien Produktion.

Dazu nutzen sie Betriebs- und Wartungsanleitungen, verschiedene Informationsmaterialien und Medien auch in englischer Sprache.

Die Schülerinnen und Schüler berücksichtigen mögliche wirtschaftliche und rechtliche Folgen von Wartungsarbeiten und deren Einfluss auf die Qualitätsanforderungen der Produktion und des Produktes.

Sie untersuchen fertigungstechnische Systeme nach Funktions- und Baueinheiten, ordnen diese Einheiten den Teilfunktionen Stützen, Tragen und Übertragen zu und berechnen notwendige Kenngrößen.

Sie unterscheiden die Wartung, Inspektion und Instandsetzung als verschiedene Bereiche der Instandhaltung. Die Schülerinnen und Schüler legen die in ihrem Verantwortungsbereich liegenden Wartungsmaßnahmen fest, führen sie unter Beachtung der Bestimmungen der Arbeits- und des Umweltschutzes durch und dokumentieren sie.

Sie grenzen im Störfall systematisch die Fehler-, Verschleiß- und Ausfallursachen ein, analysieren diese und können die Störungen entweder selbst beseitigen oder die Beseitigung veranlassen.

Die Schülerinnen und Schüler entsorgen verbrauchte Hilfsstoffe und defekte Teile umweltgerecht.

Inhalte:

Produktionsfaktor Werkzeugmaschine

Abnutzung, Abnutzungsvorrat

Verschleißursachen, Verschleißarten

Flächenpressung, Reibung, Auflagerkräfte

Grundregeln der Instandhaltung

Instandhaltungsstrategien

Technische Dokumentationen

Betriebssicherheit

Methoden der Fehlereingrenzung, Fehlerarten

Störstellen, Störungsursachen

Inspektions- und Wartungsvorschriften

Entsorgungsvorschriften

Schmierstoffe, -spezifikationen

Produkthaftung

Normen, Richtlinien

Lernfeld 6 – Warten und Inspizieren von Werkzeugmaschinen

067

Laut Wartungsplan muss das Getriebeöl der Fräsmaschine gewechselt werden. Der Maschinenhersteller schreibt ein Mineralschmieröl mit einer Viskosität von 90 mm^2/s bei 40 °C vor. Welcher Schmierstoff ist geeignet?

1. CL100
2. CG68
3. AN32
4. CL10
5. CG10

068

Ein Maschinenelement fällt aufgrund von Korrosion aus und wird daraufhin durch ein Maschinenelement höherer Güte ersetzt. Wie nennt man diesen Vorgang?

1. Wartung
2. Inspektion
3. Vorbeugende Instandhaltung
4. Verringern des Abnutzungsvorrats
5. Verbesserung

069

Wie wird in der Instandhaltung die Verfügbarkeit einer Maschine bezeichnet, welche im Laufe der Zeit aufgebraucht wird?

1. Abnutzungsvorrat
2. Inspektion
3. Verbesserung
4. Wartung
5. Instandsetzung

070

Was versteht man unter Verschleiß?

1. Den Abbau der Bauteil-Oberfläche infolge elektrochemischer Ursachen
2. Den Abbau der Bauteil-Oberfläche infolge thermischer Einflüsse
3. Der Bruch eines Bauteils (Werkzeugs) infolge ständig wechselnder Belastungen
4. Die zeitbedingte Veränderung eines Bauteils oder Hilfsstoffs
5. Den Abbau der Bauteil-Oberfläche durch Reibung

071

Welche Aussage trifft im Bereich Instandhaltung am besten zu?

1. Wartung bedeutet, eine Maschine oder Anlage ständig zu verbessern.
2. Inspektion ist die Auswahl von geeigneten Maschinen oder Anlagen zur Produktion.
3. Wartung sind alle Maßnahmen zur Verringerung des Verschleißzustands.
4. Inspektion sind alle Maßnahmen zur Steigerung der Produktion und Funktionssicherheit.
5. Instandsetzung ist das Beurteilen eines bestimmten Abnutzungsvorrats.

072

Ein wichtiger Bestandteil der Instandhaltung ist die Wartung. Welche Antwort beschreibt den Begriff Wartung?

1. Wiederherstellung des funktionsfähigen Zustands (außer Verbesserungen) der Anlage
2. Kombination aller Maßnahmen zur Steigerung der Funktionsfähigkeit, ohne die geforderte Funktion der Anlage zu ändern
3. Feststellung und Beurteilung des Ist-Zustands und Reparatur der Anlage
4. Kombination aller Maßnahmen zur Wiederherstellung des funktionsfähigen Zustands der Anlage
5. Maßnahmen zur Verzögerung des Abbaus von vorhandenem Abnutzungsvorrat der Anlage

Lernfeld 6 – Warten und Inspizieren von Werkzeugmaschinen

073

Welche Maßnahme gehört zur Wartung?

1. Einrichten
2. Umrüsten
3. Ausrüsten
4. Nachrüsten
5. Abschmieren

074

Was gehört *nicht* zur Wartung von Maschinen und Anlagen?

1. Abschmieren von Lagern
2. Reinigen von Führungen
3. Nachfüllen von Schmieröl
4. Auswechseln eines Getriebeteils
5. Reinigen eines Filters

075

Was ist die Hauptaufgabe von Schmierstoffen?

1. Erhöhen der Reibung in Lagern
2. Schützen gegen Korrosion
3. Vermindern des Verschleißes
4. Abdichten von Lagerspalten
5. Verringern der Lebensdauer von Bauteilen

076

Welche der genannten Eigenschaften sollen Schmierstoffe besitzen?

1. Sie sollen eine große innere Reibung haben.
2. Sie sollen aus festen und flüssigen Bestandteilen bestehen.
3. Sie sollen eine geringe Viskositätsänderung haben.
4. Sie sollen einen niedrigen Flammpunkt haben.
5. Sie sollen eine Berührung der Oberflächen von bewegten Teilen ermöglichen.

077

Welche Aussage über Reibung ist *falsch*?

1. Reibung erzeugt immer Verschleiß.
2. Reibende Teile erwärmen sich.
3. Ohne Reibung wäre Autofahren oder Laufen unmöglich.
4. Reibung kann durch geeignete Schmiermittel vollständig beseitigt werden.
5. Raue Oberflächen vergrößern die Reibungskraft.

078

Um die Einsatzfähigkeit der Fräsmaschine zu gewährleisten, ist eine tägliche Wartung und Überprüfung durch den Maschinenbediener unerlässlich. Welche der aufgeführten Maßnahmen gehört *nicht* dazu?

1. Füllstandshöhe der Kühlemulsion überprüfen
2. Füllstandshöhe des Getriebeöls überprüfen
3. Maschinengestell auf kleine Lackschäden überprüfen
4. Beleuchtung des Arbeitsraums überprüfen
5. Kühlemulsionsleitung überprüfen

Lernfeld 6 – Warten und Inspizieren von Werkzeugmaschinen

U25

Die Instandhaltung ist in die Teilbereiche Wartung, Inspektion, Instandsetzung und Verbesserung gegliedert. Erklären Sie die Aufgaben drei dieser Teilbereiche.

Bewertung (10 bis 0 Punkte)

Aufgabenlösung:

Ergebnis U25

Punkte

U26

Beschreiben Sie je zwei Maßnahmen, um die Einsatzfähigkeit und die Arbeitssicherheit Ihrer Werkzeugmaschine nachhaltig sicherzustellen.

Aufgabenlösung:

Einsatzfähigkeit:

Arbeitssicherheit:

Ergebnis U26

Punkte

Lernfeld 6 – Warten und Inspizieren von Werkzeugmaschinen

U27

Ein Unternehmen kann im Schadensfall in Produkthaftung genommen werden.
Nennen Sie zwei mögliche Arten von Schäden, für die das Unternehmen aufkommen muss.

Aufgabenlösung:

Bewertung (10 bis 0 Punkte)

Ergebnis U27

Punkte

Lernfeldübergreifende Aufgaben aus den Lernfeldern 1 bis 6

Gebundene Aufgaben
Ungebundene Aufgaben

Lernfeldübergreifende Aufgaben aus den Lernfeldern 1 bis 6

079

Wer ist zur Einhaltung der Sicherheitsvorschriften verpflichtet?

1. Nur der Vorgesetzte
2. Nur der Sicherheitsingenieur
3. Nur der Sicherheitsbeauftragte
4. Nur die in Labors und Produktionsbetrieben Beschäftigten
5. Jeder Beschäftigte

080

Welches Ziel haben alle Maßnahmen zur Arbeitssicherheit?

1. Verbesserung des Umweltschutzes
2. Verringerung von Qualitätsschwankungen
3. Erhöhung der Produktqualität
4. Verringerung der Maschinenwartungszeiten
5. Vermeidung von Arbeitsunfällen

081

Welcher Arzt muss nach einem Arbeitsunfall mit voraussichtlicher Arbeitsunfähigkeit aufgesucht werden?

1. Hausarzt
2. Chirurg
3. Durchgangsarzt
4. Betriebsarzt
5. Vertrauensarzt

082

Welche Bedeutung hat das abgebildete Gebotszeichen?

1. Kopfschutz benutzen
2. Gehörschutz benutzen
3. Schutzkleidung benutzen
4. Schutzhelm und Gehörschutz benutzen
5. Schutzbrille benutzen

083

Welche Bedeutung hat das dargestellte Sicherheitszeichen?
Der Randstreifen und der Querbalken sind in der Wirklichkeit rot.

1. Gummihandschuhe tragen
2. Zutritt für Unbefugte verboten
3. Schrittgeschwindigkeit fahren
4. Warnung vor allgemeiner Gefahrenstelle
5. Warnung vor schienengebundenen Transportfahrzeugen

084

Welche Art von Sicherheitszeichen zeigt das Bild?

1. Verbotszeichen
2. Gebotszeichen
3. Warnzeichen
4. Hinweiszeichen
5. Rettungszeichen

Lernfeldübergreifende Aufgaben aus den Lernfeldern 1 bis 6

085

Welche geometrische Form und welche Sicherheitsfarbe haben die in den Unfallverhütungsvorschriften vorgeschriebenen Verbotszeichen?

	Geometrische Form	Sicherheitsfarbe
1	Kreis	Rot
2	Kreis	Blau
3	Dreieck	Rot
4	Dreieck	Gelb
5	Rechteck	Grün

086

An der Werkzeugmaschine befindet sich ein NOT-AUS-Schalter. Welche Wirkung tritt durch dessen Betätigung ein?

1. Der Strom ist so lange ausgeschaltet, wie der Schalter gedrückt bleibt.
2. Mit dem NOT-AUS-Schalter wird immer eine Trennung aller elektrischen Einrichtungen der Maschine vom Netz erreicht.
3. Nach Ablauf von fünf Minuten schaltet sich der Strom wieder ein.
4. Der NOT-AUS-Schalter unterbricht nur den Vorschubantrieb.
5. Der NOT-AUS-Schalter unterbricht die Funktionen der Maschine, von denen eine unmittelbare Gefahr für Mensch und Maschine ausgehen kann.

087

Welche Kennfarbe hat der Schutzleiter bei elektrischen Leitungen?

1. Rot
2. Schwarz
3. Weiß
4. Blau
5. Gelb-grün

088

Welche Aussage über die Auswirkungen von Alkoholgenuss auf die Arbeitssicherheit ist richtig?

1. Der Genuss von Alkohol hat keine Auswirkungen auf die Arbeitssicherheit.
2. Schon der Genuss geringer Mengen Alkohol stellt ein Unfallrisiko dar.
3. Eine Erhöhung des Unfallrisikos durch Alkoholgenuss tritt nur bei Arbeiten auf, die eine erhöhte Konzentration erfordern.
4. Eine Erhöhung des Unfallrisikos durch Alkoholgenuss ergibt sich nur beim Führen von Fahrzeugen.
5. Die Auswirkungen des Alkoholgenusses können durch die anschließende Einnahme von Kaffee vollständig beseitigt werden.

089

Ein Kollege hat einen harten Stoß vor den Kopf bekommen. Er war kurzzeitig bewusstlos, fühlt sich jetzt aber wieder wohl und will weiterarbeiten. Was ist zu tun?

1. Es ist ihm zu raten, nach Schichtende einen Arzt aufzusuchen.
2. Es ist ihm zu raten, sich zuerst einmal durch Essen und Trinken zu stärken.
3. Ihn veranlassen, dass er ruhig liegen bleibt, und ihn vor Wärmeverlust schützen, dann den Arzt oder die Sanitätsstelle verständigen.
4. Ihm vorsorglich einen Kopfverband anlegen.
5. Nichts, da er sich wieder wohlfühlt.

090

Wie kann das Eindringen von flüssigen Hilfs- und Betriebsstoffen in die Umwelt vorbeugend vermieden werden?

1. Auffangwannen installieren
2. Arbeitsplatz sofort trocken sauber machen
3. Arbeitsplatz sofort nass sauber machen
4. Aufsaugmaterialien ausstreuen
5. Putzlappen an der Anlage an geeigneter Stelle anbringen

Lernfeldübergreifende Aufgaben aus den Lernfeldern 1 bis 6

091

Wie sollten in einer Werkstatt anfallende Altstoffe entsorgt werden?

(1) Alle Stoffe in einem Container sammeln, um Kosten zu sparen

(2) Sortiert nach Abfall, Altstoff (Recycling) und Sonderabfall entsorgen

(3) Sortiert nach brennbaren und nicht brennbaren Altstoffen entsorgen

(4) Sonderabfall unter die anderen Altstoffe mischen, um Kosten zu vermeiden

(5) Die Altstoffe kann man bedenkenlos in den Hausmüll werfen

092

Wer darf nach den gesetzlichen Vorgaben die Entsorgung von Kühlschmierstoffen vornehmen?

(1) Nur der Hersteller der Kühlschmierstoffe

(2) Unternehmen mit einem Zertifikat im Qualitätsmanagement

(3) Unternehmen, die Mitglied der IHK sind

(4) Unternehmen mit entsprechender Zulassung für die Entsorgung von Sonderabfällen

(5) Jeder Betrieb, der Kühlschmierstoffe verwendet

093

Zum Reinigen und Entfetten von gefertigten Frästeilen müssen Sie Lösungsmittel verwenden. Welche der genannten Vorsichtsmaßnahmen müssen beim Lagern der Lösungsmittel berücksichtigt werden?

(1) Möglichst in hermetisch dichten und für jedermann zugänglichen Räumen aufbewahren.

(2) Nur in offenen Behältern aufbewahren.

(3) Es dürfen nur Lösungsmittel verwendet werden, die für die Umwelt ungefährlich sind.

(4) Sie sind in dichten Behältern aufzubewahren, die in gut be- und entlüfteten Räumen aufbewahrt werden.

(5) Lösungsmittel sind ungefährlich, da sie an der Luft verdampfen.

094

Wie ist mit gebrauchten, ölhaltigen Putzlappen zu verfahren?

(1) Sie sind im Werkzeugkasten zu lagern.

(2) Sie sind in der Feuerungsanlage zu verbrennen.

(3) Sie sind gemeinsam mit Asche und sonstigem Müll von der Müllabfuhr zu beseitigen.

(4) Sie sind in verschlossenen, nicht brennbaren Behältern zwischenzulagern.

(5) Sie sind auf der Werkbank zu lagern.

095

Die bei der Bearbeitung Ihres Frästeils (Pos.-Nr. 1) anfallenden Späne sind ein wertvoller Rohstoff und nicht wie Abfall zu behandeln. Welcher Aussage stimmen Sie zu?

(1) Die Späne sind immer sortenrein zu sammeln.

(2) Verschlissene Wendeplatten dürfen nur mit Stahlspänen entsorgt werden.

(3) Alle Metallspäne werden im gleichen Behälter gesammelt.

(4) Messingspäne dürfen nur mit Aluminiumspänen gemischt werden.

(5) Die Spänebehälter sind neben den Spänen auch für brennbare Abfälle zugelassen.

096

Bei Reparaturarbeiten an der Planschleifmaschine wurde die Schleifemulsion durch Spindelöl sehr stark verunreinigt. Was ist zu tun?

(1) Weiterschleifen, Spindelöl schmiert auch

(2) Anlage komplett reinigen, Ölgemisch fachgerecht entsorgen

(3) Wasser nachfüllen, um zu verdünnen

(4) Ölschicht abpumpen, Emulsion wieder nachfüllen

(5) Ölschicht durch Ölbindegranulat binden

Lernfeldübergreifende Aufgaben aus den Lernfeldern 1 bis 6

U28

Geben Sie vier persönliche Schutzmaßnahmen oder Schutzmittel an, welche beim Arbeiten an spanenden Werkzeugmaschinen zu berücksichtigen sind.

Aufgabenlösung:

U29

Welche Maßnahmen müssen Sie ergreifen, wenn Sie einen sicherheitstechnischen Mangel an einer Werkzeugmaschine feststellen?

Aufgabenlösung:

Lernfeldübergreifende Aufgaben aus den Lernfeldern 1 bis 6

U30

Nennen Sie vier betriebliche Umweltschutzmaßnahmen.

Bewertung (10 bis 0 Punkte)

Aufgabenlösung:

Ergebnis U30

Punkte

U31

Nennen Sie drei Maßnahmen des vorbeugenden Brandschutzes in Betrieben.

Aufgabenlösung:

Ergebnis U31

Punkte

Lernfeldübergreifende Aufgaben aus den Lernfeldern 1 bis 6

U32

Beim Umgang mit Schadstoffen in der betrieblichen Fertigung gelten die Grundsätze Vermeiden – Vermindern – Verwerten – Entsorgen.
Erklären Sie diese Grundsätze.

Aufgabenlösung:

U33

Sie sollen beim Arbeiten an Werkzeugmaschinen ökologisch und wirtschaftlich handeln.
Nennen Sie drei Maßnahmen.

Aufgabenlösung:

Anlagen

**Lösungsschlüssel für die gebundenen Aufgaben
Lösungsvorschläge für die ungebundenen Aufgaben**

Lösungsschlüssel

PAL-Prüfungsbuch
Zerspanungsmechaniker/-in

Zur Beachtung:
Bei der Verwendung der Testaufgaben aus den PAL-Prüfungsaufgaben innerhalb der betrieblichen und schulischen Lehrstoffvermittlung muss der Lehrende entscheiden, ob der heraustrennbare Lösungsschlüssel dem Auszubildenden zugänglich gemacht werden soll oder nicht.

Aufgaben Nr.	richtig ist	Aufgaben Nr.	richtig ist	Aufgaben Nr.	richtig ist	Aufgaben Nr.	richtig ist	Aufgaben Nr.	richtig ist	Aufgaben Nr.	richtig ist	Aufgaben Nr.	richtig ist
001	**3**	**012**	**3**	**027**	**3**	**038**	**3**	**050**	**2**	**067**	**1**	**079**	**5**
002	2	013	1	028	3	039	3	051	3	068	5	080	5
003	4	014	5	029	2	040	3	052	2	069	1	081	3
004	4	015	2	030	1	041	4	053	4	070	5	082	1
005	2	016	3	031	4	042	1	054	4	071	3	083	2
006	5	017	1	032	3	043	3	055	1	072	5	084	5
007	1	018	4	033	3	044	5	056	3	073	5	085	1
008	3	019	3	034	5	045	4	057	1	074	4	086	5
009	5	020	4	035	4	046	3	058	4	075	3	087	5
010	5	021	1	036	2	047	2	059	2	076	3	088	2
011	4	022	3	037	3	048	1	060	4	077	4	089	3
		023	2			049	4	061	1	078	3	090	1
		024	3					062	2			091	2
		025	1					063	5			092	4
		026	3					064	5			093	4
								065	3			094	4
								066	4			095	1
												096	2

Kopieren und jede Form der Vervielfältigung oder Reproduktion nicht gestattet.

Lösungsvorschläge

U1

1. Kurzbrechende Spanbildung
2. 11SMn30+C:
   11: 0,11 % C (Kohlenstoff)
   SMn30: 0,3 % Schwefel, Spuren von Mangan
   +C: kalt gezogen

U2

1. Aluminium-Knetlegierung, aushärtbar
2. Aluminium, Silicium-Gehalt 1 %, Spuren von Mangan und Magnesium
3. Vorteil: geringe Dichte, korrosionsbeständig
   Nachteil: geringere Festigkeit, hoher Preis

U3

– Normteile sind kostengünstiger als Eigenproduktionen.
– Normteile sind schnell verfügbar und erleichtern dadurch Austausch- und Reparaturarbeiten.
– Normteile vereinfachen die Konstruktion.

U4

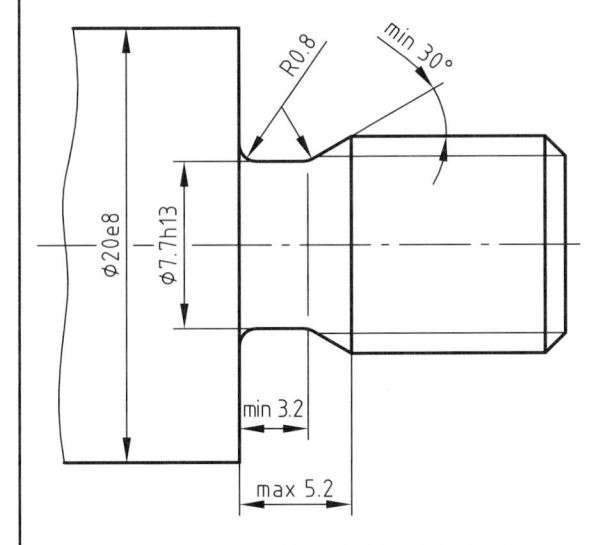

U5

– Spitzenwinkel
– Freiwinkel oder Hinterschliff
– Querschneidenwinkel
– Gleiche Länge der Hauptschneiden
– Mittellage der Querschneide
– Gleicher Winkel der Schneidkanten zur Bohrerachse
– Ausglühen der Schneiden vermeiden

U6

– Schraubstock aufspannen
– Geschliffene Messleiste einspannen
– Messuhr mit Halterung befestigen
– Messleiste abfahren
– Parallelität prüfen
– Aufspannung eventuell korrigieren

Lösungsvorschläge

U7
– Durch Ausdrehen der Backen erreicht man eine sehr gute Rundlaufgenauigkeit
– Verhinderung von Spannmarken
– Sicheres Spannen durch Anlage an der Planfläche bei kurzer Spanntiefe
– Ein Absatz in der Ausdrehung ergibt einen Längenanschlag

U8
Winkel 1: Spanwinkel γ
Winkel 2: Keilwinkel β
Winkel 3: Freiwinkel α

U9
1. Innenkante mit gefordertem Übergang zwischen 0,2 mm und 0,4 mm
2. Außenkante mit geforderter Abtragung zwischen 0,2 mm und 0,4 mm

U10
$L = l + l_a$

$L = 103{,}5 \text{ mm} + 3 \text{ mm}$

$L = 106{,}5 \text{ mm}$

$i = \dfrac{d - d_1}{2 \cdot a_p} = \dfrac{60 \text{ mm} - 36 \text{ mm}}{2 \cdot 3 \text{ mm}} = 4$

$t_h = \dfrac{L \cdot i}{n \cdot f} = \dfrac{106{,}5 \text{ mm} \cdot 4}{2000 \text{ min}^{-1} \cdot 0{,}3 \text{ mm}} = \underline{\underline{0{,}71 \text{ min}}}$

U11
– Geringere Reibung bzw. Schnittkraft
– Geringerer Werkzeugverschleiß
– Hohe Oberflächengüte (Sauberkeit des Gewindes)
– Korrosionsschutz
– Gute Schmierung beim Fügen

U12
– Wärme von der Wirkstelle abtransportieren (kühlen)
– Reibung vermindern
– Werkzeugverschleiß reduzieren (schmieren)
– Oberflächenqualität des Werkstücks verbessern
– Späne von der Wirkstelle entfernen

U13
– Stückliste enthält Benennungen der Einzelteile
– Stückliste enthält Angaben zu den Werkstoffen, aus denen die Einzelteile gefertigt werden sollen
– Normangabe für die Verbindungselemente
– Gesamtzeichnung zeigt den Zusammenbau der Einzelteile
– Bezeichnung der Einzelteile mit Pos.-Nrn. beim Zusammenbau

U14
Frästeil (Pos.-Nr. 2): ⌀ 20H7 und Länge 70–0,1
Drehteil (Pos.-Nr. 4): ⌀ 20e8 und Länge 70,1+0,1

Lösungsvorschläge

U15

Eine kraftschlüssige Verbindung basiert auf der Reibung von sich berührenden Flächen. Sie sind so lange nicht gegeneinander verschiebbar, solange die Verschiebekraft nicht größer ist als die Reibkraft.

Beispiele:
- Verkeilen
- Einpressen
- Schrumpfen

U16

- Kundenorientierung (Produkt, Service, Termine, Preis)
- Verringern von Fehlerkosten, Produkthaftungsrisiken
- Verbesserung der Wettbewerbsfähigkeit (Kostendruck, Innovationszyklen, Globalisierung)
- Erreichen von Unternehmenszielen (Qualität, Wirtschaftlichkeit, Image ...)
- Auflagenerfüllung (Sicherheitsvorschriften, Normen, Umweltverordnung, Produkthaftung)

U17

Schmierstoffarten:
- Öle
- Fette
- Festschmierstoffe

Aufgaben:
- Korrosionsschutz
- Kühlung
- Reduzierung der Reibung

U18

- Beseitigung von Lackschäden und Fremdrost
- Fetten
- Regelmäßiges Reinigen/Pflegen/Putzen
- Schmieren nach Wartungsplan
- Tausch defekter Teile
- Vorbeugende Instandhaltungsmaßnahmen

U19

Drehmeißel:
- Großer Eckenradius
- Kleiner Einstellwinkel
- Großer Eckenwinkel
- Positiver Span- und Neigungswinkel

Schnittgrößen:
- Höhere Schnittgeschwindigkeit
- Kleiner Vorschub
- Geringe Schnitttiefe

U20

- Richtiger Einstellwinkel
- Gleichmäßige Vorschubbewegung
- Schneidenradius am Drehmeißel
- Verschleißarme Drehmeißelschneide
- Drehmeißel genau auf Mitte
- Kühlung und Schmierung
- Schnitttiefe
- Drehmeißelart

Lösungsvorschläge

U21

– Hohe Maßgenauigkeit
– Hohe Oberflächengüte
– Hohe Formgenauigkeit
– Gute Bearbeitbarkeit gehärteter Werkstücke

U22

Grenzlehrdorn
– rote Farbmarkierung
– kurzer Prüfzylinder
– Angabe des oberen Abmaßes

Grenzrachenlehre
– rote Farbmarkierung
– abgeschrägte Prüfbacken
– Angabe des unteren Abmaßes

U23

Weil sie durch Verschleiß, funktionelle Störungen, Dejustierung, mechanische Beschädigungen oder Korrosion ungenau werden können (Vermeidung von Messabweichungen).

U24

– Verhütung von Fehlern
– Verringerung des Risikos (Produkthaftung)
– Verringerung der Nacharbeit
– Weniger Reklamationen/Umtausch
– Kostensenkung
– Vermeidung von Gesundheitsrisiken

U25

Wartung: Pflege; Maßnahmen zur Verzögerung des Abnutzungsvorrats zur Verhinderung von Ausfällen
Inspektion: Begutachtung/Vergleichen Ist- mit Sollzustand
Instandsetzung: Reparatur; Wiederherstellung des Sollzustands
Verbesserung: Ergänzung zusätzlicher Funktionen mit erhöhter Effektivität; Steigerung der Funktionssicherheit ohne die festgelegte Funktion zu ändern

U26

Einsatzfähigkeit:
– Reinigung der Werkzeugmaschine
– Wartungsarbeiten laut Wartungsplan
– Füllstand der Kühl- und Schmierstoffe kontrollieren und nachfüllen
– Konzentration der KSS-Emulsion regelmäßig überwachen

Arbeitssicherheit:
– Funktion der Kontrollleuchten überprüfen
– Funktion der Not-Aus-Einrichtung überprüfen
– Funktion der Schutzabdeckung überprüfen

U27

Schäden an:
– Leben
– Körper
– Gesundheit
– Sachen
– Umwelt

Lösungsvorschläge

U28

– Schutzbrille
– Haarnetz oder Mütze
– Eng anliegende Kleidung
– Sicherheitsschuhe
– Keine Ringe oder Handschuhe tragen
– Gehörschutz

U29

Maschine ausschalten.
Bei Befugnis Mangel beseitigen, ansonsten unverzüglich dem Vorgesetzten melden.

U30

– Müllvermeidung
– Mülltrennung
– Bewegungsmelder für Licht
– Vermeidung von Verpackungen
– Rohrleitungsisolierungen
– Einsatz von Ölabscheidern
– Filter für Abluft

U31

Feuerlöschgeräte müssen nach Art und Größe des Betriebs bereitgehalten werden; Brandschutzbelehrung der Mitarbeiter; Einbau von Brandschutztüren; Kennzeichnung von brandgefährdeten Betriebsbereichen; Rauchverbot.

U32

Vermeiden: Ungiftige Werk- und Hilfsstoffe verwenden
Vermindern: Menge der giftigen Stoffe so gering wie möglich halten
Verwerten: Abfälle, Reststoffe aufbereiten und wiederverwerten
Entsorgen: Abfälle und Reststoffe sammeln und fachgerecht entsorgen

U33

– Geringer Abfall, geringer Verschnitt
– Späne sortieren und recyceln
– Werkzeuge entsprechend dem Werkstoff auswählen
– Kühlschmiermittel reinigen und wiederverwenden
– Sorgsamer Umgang mit Hilfsstoffen

Anhang

**Musteraufgabensatz
Lösungsschablone
Lösungsvorschläge
Markierungsbogen
Hinweise für die Kammer, Richtlinien für den Prüfungsausschuss**

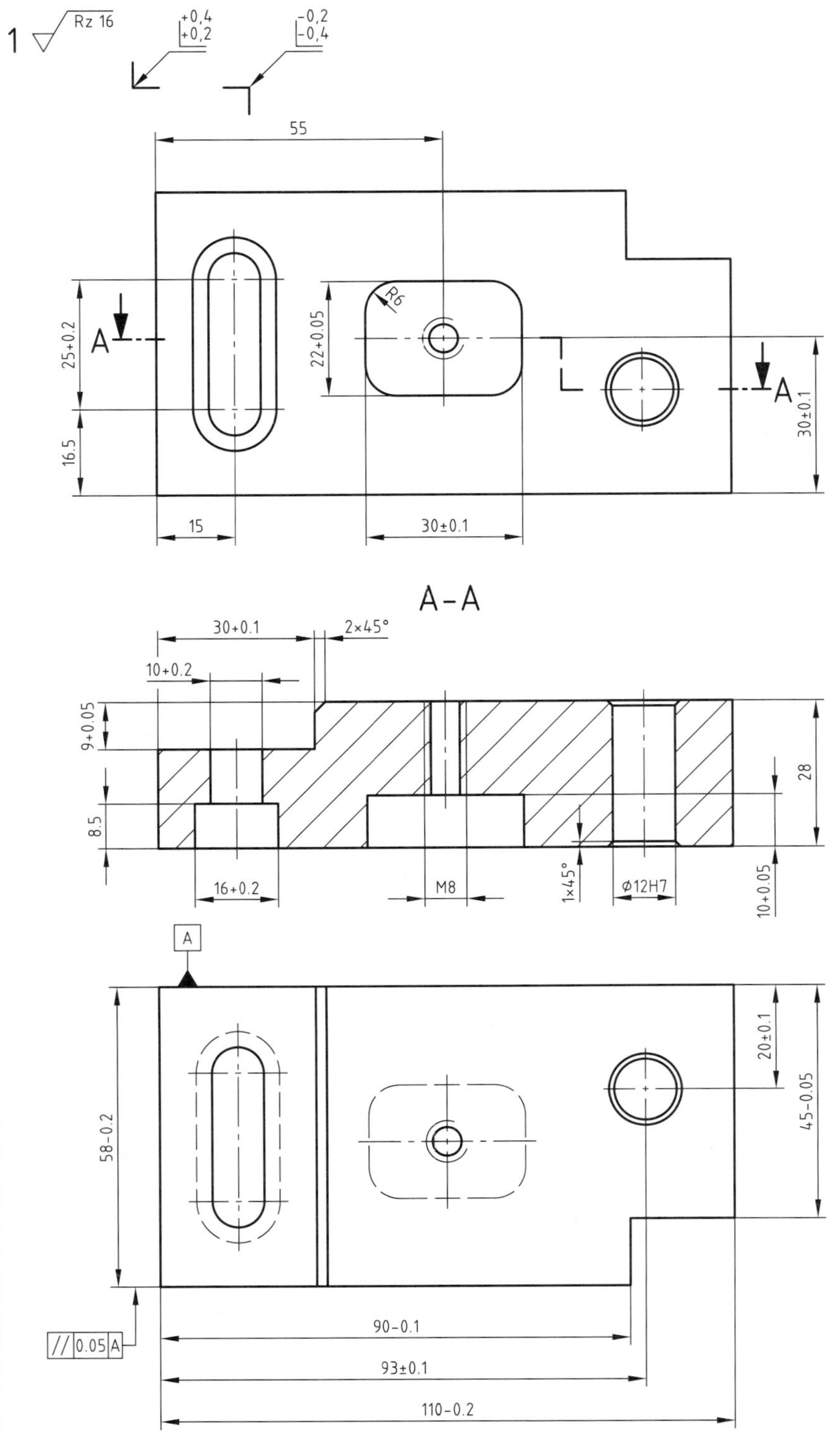

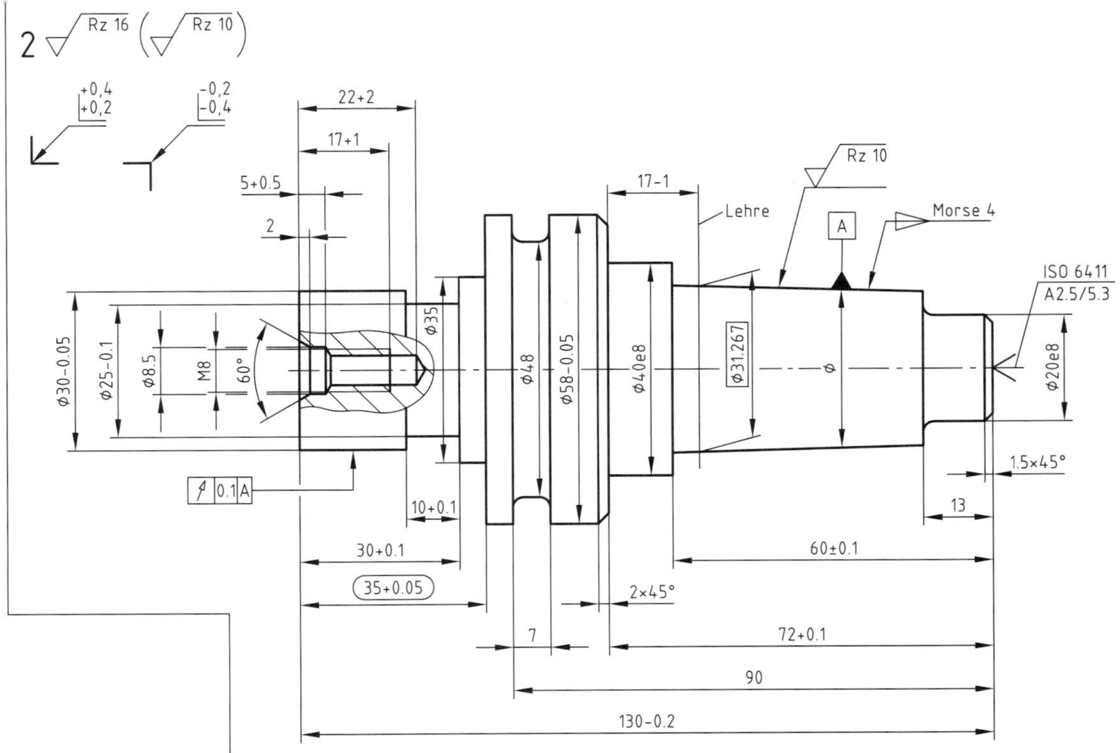

nicht bemaßte Radien R2

Anlage 1(2) zur Arbeitsaufgabe

Bitte beachten: Zeichnung ist nicht maßstäblich

Prüflings-Nr.

Vor- und Familienname

Pos.-Nr.	Stück	Benennung	Normblatt	Werkstoff	Halbzeug (nach Materialbereitstellungsliste)
2	1	Drehteil		11SMn30+C	Rd 60 × 132 EN 10278
1	1	Frästeil		S235JR+C	Fl 60 × 30 × 112 EN 10278

IHK Abschlussprüfung Teil 1 - Musterprüfung

Maßstab —

Allgemeintoleranz ISO 2768-m

Zerspanungsmechaniker/-in

Blatt: 1(2)

Lfd.-Nr.: 0000028978

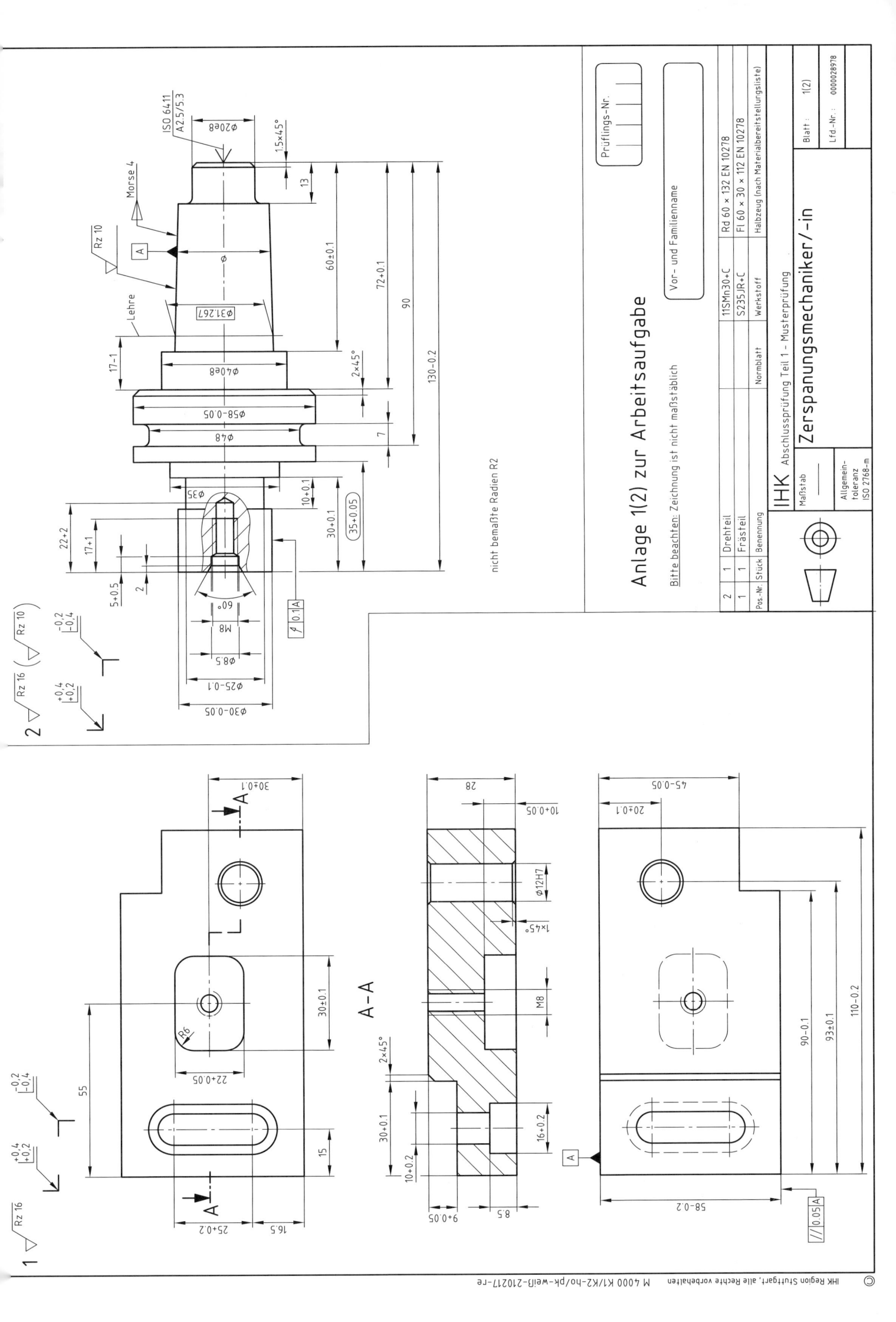

Anlage 2(2) zur Arbeitsaufgabe

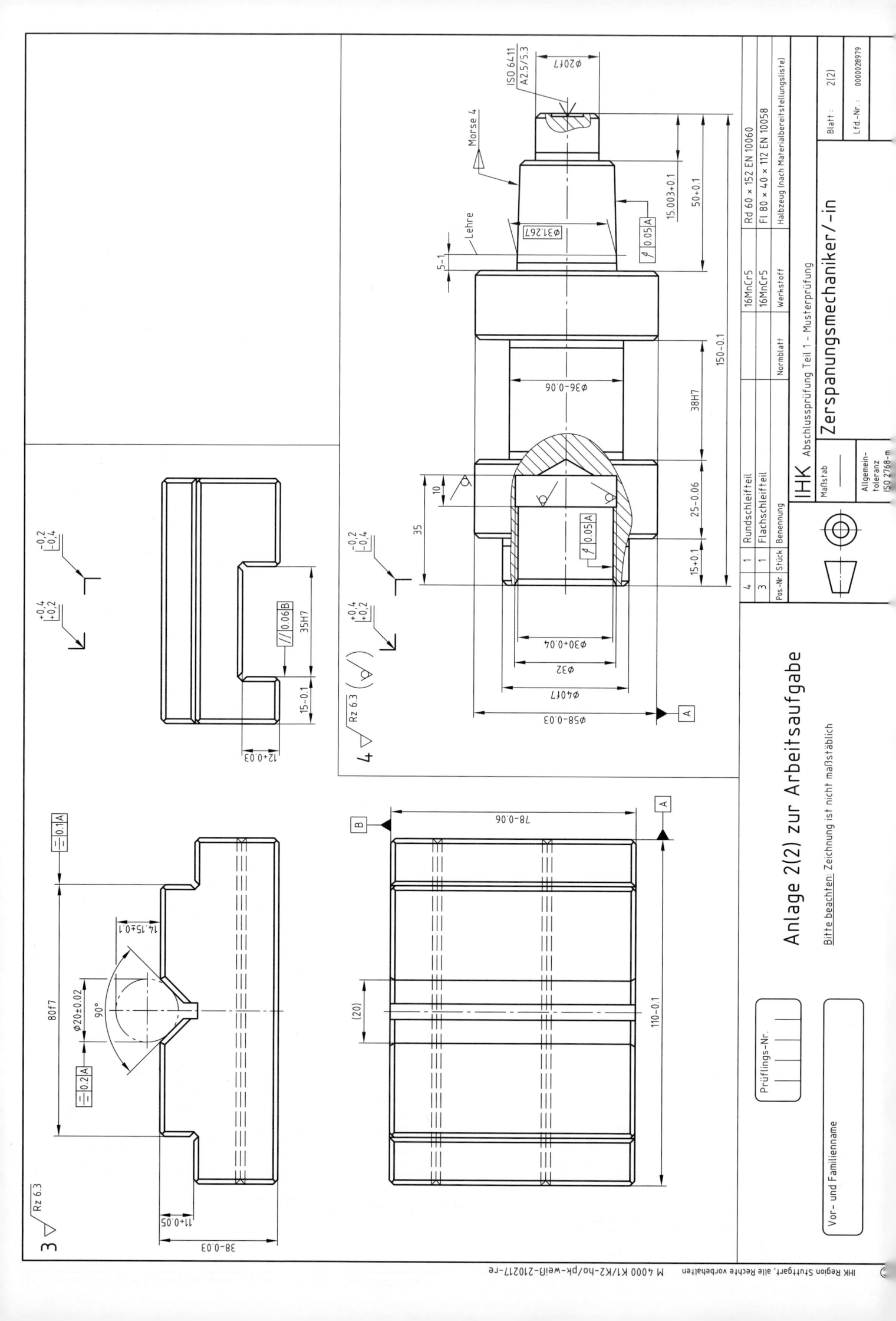

Bitte beachten: Zeichnung ist nicht maßstäblich

Pos.-Nr.	Stück	Benennung	Normblatt	Werkstoff	Halbzeug (nach Materialbereitstellungsliste)
4	1	Rundschleifteil		16MnCr5	Rd 60 × 152 EN 10060
3	1	Flachschleifteil		16MnCr5	Fl 80 × 40 × 112 EN 10058

IHK Abschlussprüfung Teil 1 – Musterprüfung

Zerspanungsmechaniker/-in

Allgemeintoleranz ISO 2768-m

Blatt: 2(2)
Lfd.-Nr.: 0000028979

Industrie- und Handelskammer

Abschlussprüfung Teil 1

Zerspanungsmechaniker/-in

Berufs-Nr. **4 0 0 0**

Schriftliche Aufgabenstellungen

Hinweise für den Prüfling

Musterprüfung

M 4000 K

PAL - Prüfungsaufgaben- und Lehrmittelentwicklungsstelle
IHK Region Stuttgart

© 2017, IHK Region Stuttgart, alle Rechte vorbehalten

Prüfungsaufgabensatz

Der Prüfungsaufgabensatz für die Schriftlichen Aufgabenstellungen besteht aus folgenden Unterlagen:

2 Anlagen, Blatt 1(2) bis Blatt 2(2)	weiß
Schriftliche Aufgabenstellungen Teil A	weiß
Markierungsbogen	grau-weiß
Schriftliche Aufgabenstellungen Teil B	weiß

Bitte beachten!

Die oben genannten Unterlagen müssen am Ende der Vorgabezeit von 90 min der Prüfungsaufsicht übergeben werden.

Zertifiziertes Qualitätsmanagement nach DIN ISO 9001

M 4000 K

Industrie- und Handelskammer

Abschlussprüfung Teil 1

Zerspanungsmechaniker/-in

Berufs-Nr. **4 0 0 0**

Schriftliche Aufgabenstellungen

Teil A

Musterprüfung

M 4000 K1

© 2017, IHK Region Stuttgart, alle Rechte vorbehalten

Vorgabezeit: Insgesamt 90 min für Teil A und Teil B

Hilfsmittel: Formelsammlungen, Tabellenbücher, Zeichenwerkzeuge und nicht programmierter, netzunabhängiger Taschenrechner ohne Kommunikationsmöglichkeit mit Dritten

Sehr geehrter Prüfling,

bevor Sie mit der Bearbeitung der Aufgaben beginnen, lesen Sie bitte **sorgfältig** die folgenden Hinweise.

1 Allgemeines

Der Aufgabensatz für den Prüfungsbereich **Schriftliche Aufgabenstellungen** besteht aus:
- Teil A mit 23 gebundenen Aufgaben (also mit vorgegebenen Auswahlantworten)
- Teil B mit 8 ungebundenen Aufgaben (die Sie mit Ihren eigenen Worten in möglichst kurzen Sätzen beantworten müssen)
- Anlage(n): 2 Blatt im Format A4 für Teil A und Teil B
- Markierungsbogen (grau-weiß)

Für die Ermittlung Ihrer Prüfungsleistungen werden der grau-weiße Markierungsbogen von Teil A, das Aufgabenheft Teil B und gegebenenfalls die Anlage(n) zugrunde gelegt.

Am Ende der Vorgabezeit von 90 min müssen Sie den Aufgabensatz der Prüfungsaufsicht übergeben.

Bei zeichnerischen Darstellungen gilt die Projektionsmethode 1 ( ).

2 Hinweise für Teil A (dieses Heft)

Tragen Sie bitte vor Beginn der Bearbeitung der Aufgaben in den Kopf des **grau-weißen Markierungsbogens** und gegebenenfalls auf der/den **Anlage(n)** die dort geforderten Angaben ein:
- Prüfungsart und Prüfungstermin
- Die Nummer Ihrer Industrie- und Handelskammer, falls bekannt
- Die Ihnen mit der Einladung zur Prüfung mitgeteilte Prüflingsnummer
- Die auf der Titelseite dieses Aufgabenhefts aufgedruckte Berufsnummer
- Ihren Vor- und Familiennamen und den Ausbildungsbetrieb
- Ihren Ausbildungsberuf
- Prüfungsfach/-bereich „Schriftliche Aufgabenstellungen"
- Projekt-Nr. „01"

Sind diese Angaben bereits eingedruckt, prüfen Sie diese auf Richtigkeit.

Prüfen Sie danach, ob dieses Heft 23 Aufgaben und 2 Anlage(n) enthält. Informieren Sie bei Unstimmigkeiten sofort die Prüfungsaufsicht. Reklamationen nach dem Schluss der Prüfung werden nicht anerkannt.

Bei den Aufgaben in diesem Heft ist jeweils nur **eine** der 5 Auswahlantworten **richtig**. Sie dürfen deshalb nur **eine** ankreuzen. Kreuzen Sie mehr als eine oder keine Auswahlantwort an, gilt die Aufgabe als **nicht gelöst**.

Lesen Sie die Aufgabenstellung und die Auswahlantworten sorgfältig durch. Kreuzen Sie erst dann im Markierungsbogen die Ihrer Meinung nach richtige Auswahlantwort an (siehe Abb. 1, Aufgabe 1). Verwenden Sie hierfür unbedingt einen Kugelschreiber, damit Ihre Kreuze auch auf dem Durchschlag eindeutig erkennbar sind.

Sollten Sie ein Kreuz in ein falsches Feld gesetzt haben, machen Sie dieses unkenntlich und setzen Sie ein neues Kreuz an die richtige Stelle (siehe Abb. 1, Aufgabe 2).

Sollten Sie ein bereits unkenntlich gemachtes Feld verwenden wollen, setzen Sie Ihr Kreuz rechts neben das Feld in die weiße Spalte (siehe Abb. 1, Aufgabe 3).

Von den 23 Aufgaben müssen Sie nur 20 bearbeiten. Entscheiden Sie, welche 3 Aufgaben Sie nicht lösen wollen, und streichen Sie diese im Markierungsbogen durch (siehe Abb. 1, Aufgabe 11).
Wenn Sie keine Aufgaben durchstreichen, werden die letzten 3 abwählbaren Aufgaben nicht gewertet. Nicht bearbeitete Aufgaben gelten als nicht gelöst.

Sollten Sie eine bereits abgewählte Aufgabe doch lösen wollen, setzen Sie Ihr Kreuz rechts neben das Feld in die weiße Spalte (siehe Abb. 1, Aufgabe 12).

Möchten Sie eine Aufgabe abwählen, die Sie bereits angekreuzt haben, streichen Sie diese durch (siehe Abb. 1, Aufgabe 13).

6 der 23 Aufgaben dürfen Sie nicht abwählen. Diese Aufgaben sind wie im nebenstehenden Beispiel kenntlich gemacht.

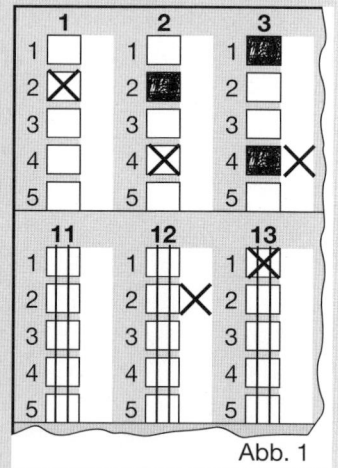

3 nicht abwählbar!

Ihre Industrie- und Handelskammer wünscht Ihnen viel Erfolg!

Dieser Prüfungsaufgabensatz wurde von einem überregionalen nach § 40 Abs. 2 BBiG zusammengesetzten Ausschuss beschlossen. Er wurde für die Prüfungsabwicklung und -abnahme im Rahmen der Ausbildungsprüfungen entwickelt. Weder der Prüfungsaufgabensatz noch darauf basierende Produkte sind für den freien Wirtschaftsverkehr bestimmt.
Beispielhafte Hinweise auf bestimmte Produkte erfolgen ausschließlich zum Veranschaulichen der Produktanforderung beziehungsweise zum Verständnis der jeweiligen Prüfungsaufgabe. Diese Hinweise haben keinen bindenden Produktcharakter.

Zertifiziertes Qualitätsmanagement nach DIN ISO 9001

Muster eines Markierungsbogens

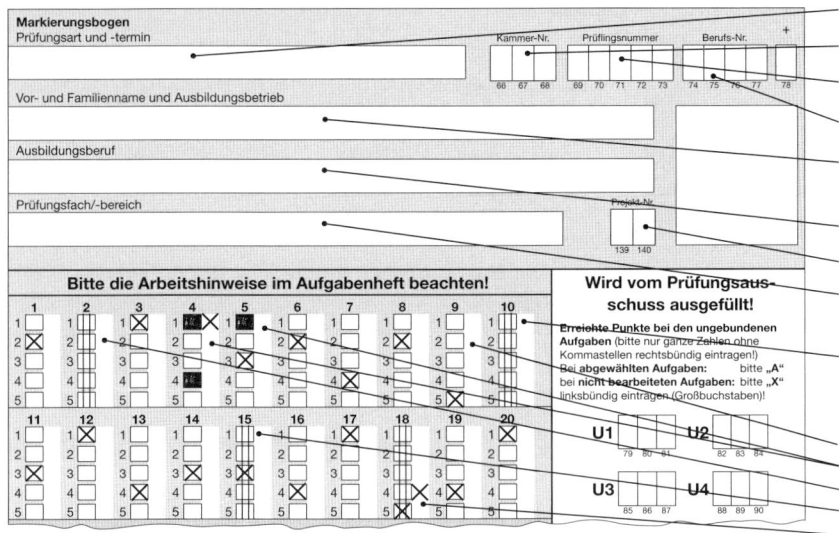

Tragen Sie bitte ein:

- Prüfungsart und -termin
- Die Nummer Ihrer IHK, falls bekannt
- Ihre Prüflingsnummer
- Ihre Berufsnummer
- Ihren Vor- und Familiennamen sowie Ihren Ausbildungsbetrieb
- Ihren Ausbildungsberuf
- Hier „01"
- Hier „Schriftliche Aufgabenstellungen"
- Streichen Sie von den abgewählten Aufgaben die Markierungsfelder durch

Bearbeitungsbeispiele für korrekte Einträge:
– bearbeitete Aufgabe
– bearbeitete Aufgabe mit geänderter Lösung
– abgewählte Aufgabe
– bearbeitete Aufgabe, die abgewählt wird
– abgewählte Aufgabe, die doch gelöst wird

Bitte beachten Sie:

Im Maschinenbau werden Werkstoffe mit unterschiedlichen Eigenschaften verwendet.

Die folgenden Aufgaben 1 und 2 beziehen sich auf das Thema Werkstofftechnik.

1

Der für das Drehen vorgegebene Werkstoff enthält im Werkstoffkurzzeichen das Zusatzsymbol +C. Welche Bedeutung hat das Symbol im Bezeichnungssystem für diesen Stahl?

(1) Es handelt sich um einen Grobkornstahl.

(2) Es ist der Kennbuchstabe für Kohlenstoff.

(3) Es handelt sich um einen warm gewalzten Stahl.

(4) Es handelt sich um einen gezogenen Blankstahl.

(5) Das +C gibt an, dass zum Härten Kohlenstoff ergänzt werden muss.

2

Das Rundschleifteil soll gehärtet werden. Der in der Stückliste angegebene Werkstoff ist nicht mehr vorrätig. Wählen Sie aus den aufgeführten Werkstoffen den geeigneten Ersatzwerkstoff aus.

(1) S235JR

(2) X153CrMoV12

(3) 20MnCr5

(4) E295

(5) HS6-5-2-5

Weiter nächste Seite!

Bitte beachten Sie:

Sie erhalten den Auftrag, das Drehteil zu fertigen.

Die folgenden Aufgaben 3 bis 12 beziehen sich auf die Pos.-Nr. 2 der Zeichnung Blatt 1(2).

3 nicht abwählbar!

An der Mantellinie des Maßes ⌀ 30–0,05 steht eine Angabe zur Lagetolerierung. Welche Bedeutung hat diese Angabe für die Kontrolle?

(1) Der Bezug für den Rundlauf ist die Achse des Kegels.

(2) Der Bezug für den Planlauf ist die Achse des Drehteils.

(3) Der Bezug für die Rundlauftolerierung ist die Mantelfläche des Kegels.

(4) Zur Prüfung des Rundlaufs wird nur ein Prisma benötigt.

(5) Die Anordnung des Symbols hat für die Kontrolle keine Bedeutung.

4

In welcher Auswahlantwort sind die gekennzeichneten Flächen und Schneiden richtig angegeben?

	1	2	3	4
(1)	Schnitt-fläche	Haupt-schneide	Neben-schneide	Span-fläche
(2)	Schnitt-fläche	Neben-schneide	Haupt-schneide	Span-fläche
(3)	Span-fläche	Neben-schneide	Haupt-schneide	Schnitt-fläche
(4)	Span-fläche	Haupt-schneide	Neben-schneide	Schnitt-fläche
(5)	Span-fläche	Haupt-schneide	Schnitt-fläche	Neben-schneide

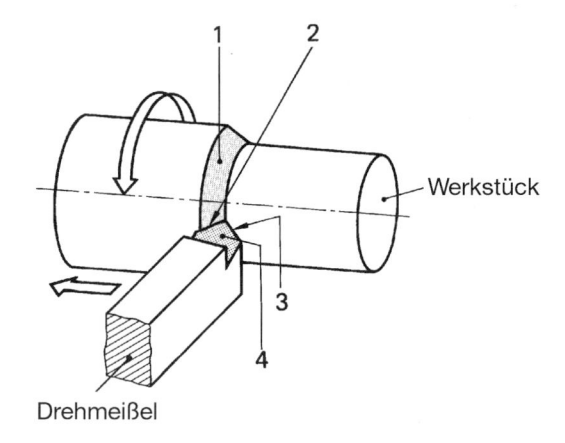

5

Wie wird der mit 1 gekennzeichnete Winkel bezeichnet?

(1) Einstellwinkel

(2) Eckenwinkel

(3) Spanwinkel

(4) Neigungswinkel

(5) Keilwinkel

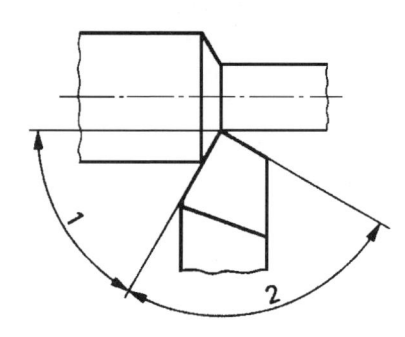

6

Bei der Zerspanung ist die Einsatzfähigkeit Ihrer Werkzeuge zu beurteilen. Dazu müssen Sie die Verschleißmerkmale an den Werkzeugen beobachten. Wie wird die mit 1 gekennzeichnete Verschleißform bezeichnet?

(1) Kantenabrundung

(2) Freiflächenverschleiß

(3) Kolkverschleiß

(4) Spanflächenverschleiß

(5) Kammrissverschleiß

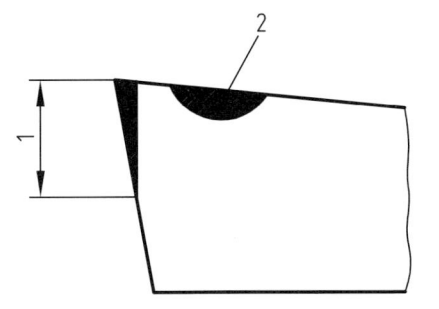

7 nicht abwählbar!

Beim Fertigdrehen arbeiten Sie mit beschichtetem Hartmetall. Nach Tabelle entscheiden Sie sich für eine Schnittgeschwindigkeit von 350 m/min. Berechnen Sie für den Durchmesser 40e8 die einzustellende Umdrehungsfrequenz.

(1) 364 min^{-1}

(2) 1 143 min^{-1}

(3) 2 785 min^{-1}

(4) 5 010 min^{-1}

(5) 8 750 min^{-1}

Nebenrechnung Aufgabe 7:

8 nicht abwählbar!

Wie viel Rohlinge für das Drehteil erhalten Sie aus einer 3 m langen Stange, wenn Sie von einem Sägeschnitt von 5 mm ausgehen?

(1) 21

(2) 22

(3) 23

(4) 24

(5) 25

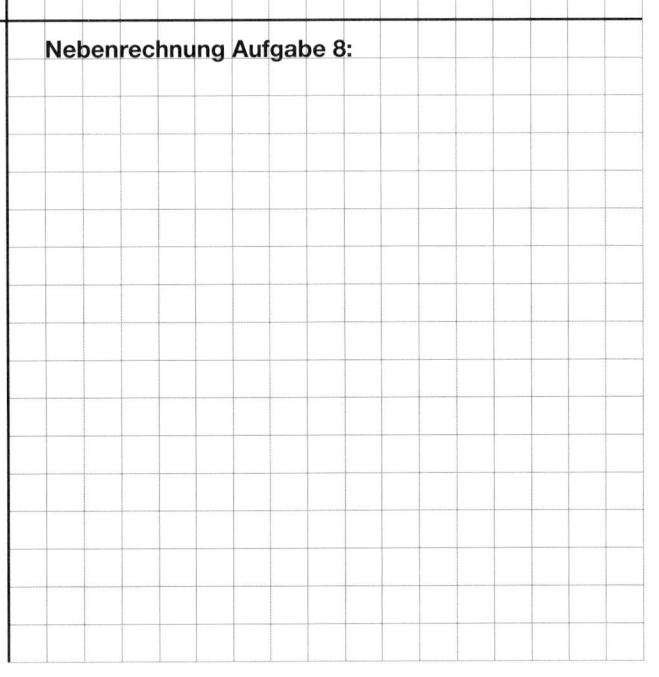

Nebenrechnung Aufgabe 8:

9 nicht abwählbar!

Das Längenmaß 35+0,05 ist in einen seitlich abgerundeten Rahmen gesetzt. In welchem Fall wird bei einer Zeichnung eine Maßzahl in Rahmen mit Halbkreisen gesetzt?

1. Wenn das Maß beim Fügen keine Bedeutung hat
2. Wenn das Maß zur geometrischen Bestimmung des Gegenstands nicht erforderlich ist
3. Wenn das Maß vom Besteller besonders geprüft wird
4. Wenn das Maß an dieser Stelle nicht maßstäblich ist
5. Wenn das Maß bei der Fertigungskontrolle nicht geprüft wird

10

Beim Prüfen der Oberflächenbeschaffenheit Ihres Drehteils stellen Sie fest, dass die geforderte Oberflächengüte nicht erreicht wurde. Welche Maßnahmenkombination hätte zu einem besseren Ergebnis geführt?

1. Geringe Schnittgeschwindigkeit, kleiner Eckenradius, großer Vorschub
2. Hohe Schnittgeschwindigkeit, kleiner Eckenradius, großer Vorschub
3. Hohe Schnittgeschwindigkeit, großer Eckenradius, kleiner Vorschub
4. Geringe Schnittgeschwindigkeit, großer Eckenradius, großer Vorschub
5. Geringe Schnittgeschwindigkeit, kleiner Eckenradius, kleiner Vorschub

11

Bei fachgerechter Fertigung Ihres Drehteils verwenden Sie Kühlschmierstoff. Dabei sind bestimmte Verhaltensregeln und hygienische Maßnahmen zu beachten. Welche der aufgeführten Regeln bzw. Maßnahmen ist *nicht* erforderlich?

1. Vor Arbeitsbeginn Hände und Unterarme mit Hautschutzcreme einreiben
2. Hautkontakt mit Kühlschmierstoffen auf ein Minimum beschränken
3. Jeweils nach 30 Minuten Hände waschen und mit Hautschutzcreme einreiben
4. Während der Fertigung am Arbeitsplatz nicht essen und trinken
5. Durch Lenkung und Regulierung des Kühlschmierstoffs Verspritzen vermeiden

12

Am Schaltkasten der Drehmaschine befindet sich das abgebildete Symbol. Welche Warnung soll das dargestellte Sicherheitskennzeichen zum Ausdruck bringen?

1. Warnung vor optischer Strahlung
2. Warnung vor radioaktiven Stoffen
3. Warnung vor Laserstrahlen
4. Warnung vor gefährlicher elektrischer Spannung
5. Warnung vor explosionsgefährlichen Stoffen

Bitte beachten Sie:

Sie erhalten den Auftrag, das Frästeil zu fertigen.
Die folgenden Aufgaben 13 bis 20 beziehen sich auf die Pos.-Nr. 1 der Zeichnung Blatt 1(2).

13

Bei der Fertigung zeigt der Fräser großen Span- und Freiflächenverschleiß. In welcher Auswahlantwort stehen nur Maßnahmen, die diese Erscheinung verringern?

1. Schnittgeschwindigkeit erhöhen, Vorschub je Schneide erhöhen, unbeschichtetes Hartmetall wählen
2. Schnittgeschwindigkeit reduzieren, Vorschub je Schneide erhöhen, beschichtetes Hartmetall wählen
3. Schnittgeschwindigkeit erhöhen, Vorschub je Schneide reduzieren, unbeschichtetes Hartmetall wählen
4. Schnittgeschwindigkeit erhöhen, Vorschub je Schneide erhöhen, beschichtetes Hartmetall wählen
5. Schnittgeschwindigkeit reduzieren, Vorschub je Schneide reduzieren, unbeschichtetes Hartmetall wählen

14

Wie wird der mit 1 gekennzeichnete Winkel bezeichnet?

(1) Freiwinkel

(2) Stirnwinkel

(3) Schneidenwinkel

(4) Keilwinkel

(5) Spanwinkel

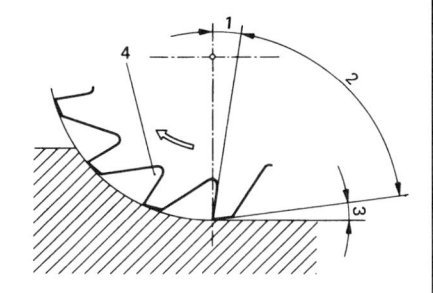

15 nicht abwählbar!

In der Untersicht des Frästeils ist ein Schnittverlauf eingezeichnet. Welcher Aussage zu dieser Darstellung des Schnittverlaufs stimmen Sie zu?

(1) Es handelt sich um einen Halbschnitt.

(2) Es handelt sich um einen Teilschnitt.

(3) Die markierte Lage der Schnittebene wird durch eine schmale Strichpunktlinie gekennzeichnet.

(4) Bei mehreren Schnittebenen wird deren Verlauf an den Enden der jeweiligen Schnittebene mit kurzen breiten Volllinien angedeutet.

(5) Die Kennzeichnung des Schnitts kann auch mit Kleinbuchstaben erfolgen.

16

Welcher der Fräser ist zum Fräsen des Langlochs am besten geeignet?

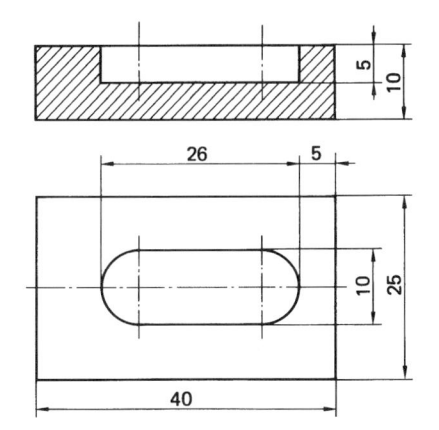

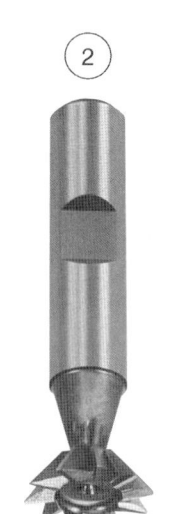

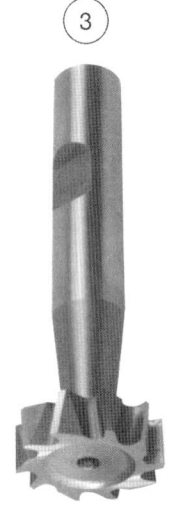

17

Sie benutzen zur Fertigung den abgebildeten Schraubstock. Welche Behauptung über diese Spannvorrichtung ist richtig?

(1) Die Schnittkraft soll gegen die Schraubstockspindel gerichtet sein.

(2) Die Schnittkraft soll gegen die feste Spannbacke gerichtet sein.

(3) Zum sicheren Festspannen des Werkstücks muss die Spannkurbel mit dem Hammer zugeschlagen werden.

(4) In diese Spannvorrichtung dürfen runde Werkstücke eingespannt werden.

(5) Die Spannvorrichtung wird nur zum Spannen von Werkstücken aus weichem Werkstoff verwendet.

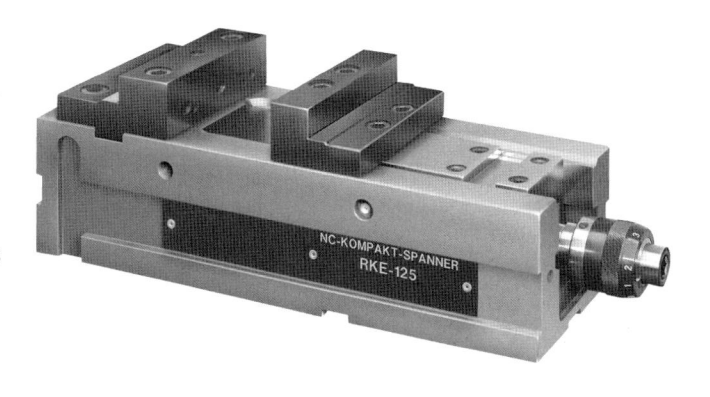

Bild a

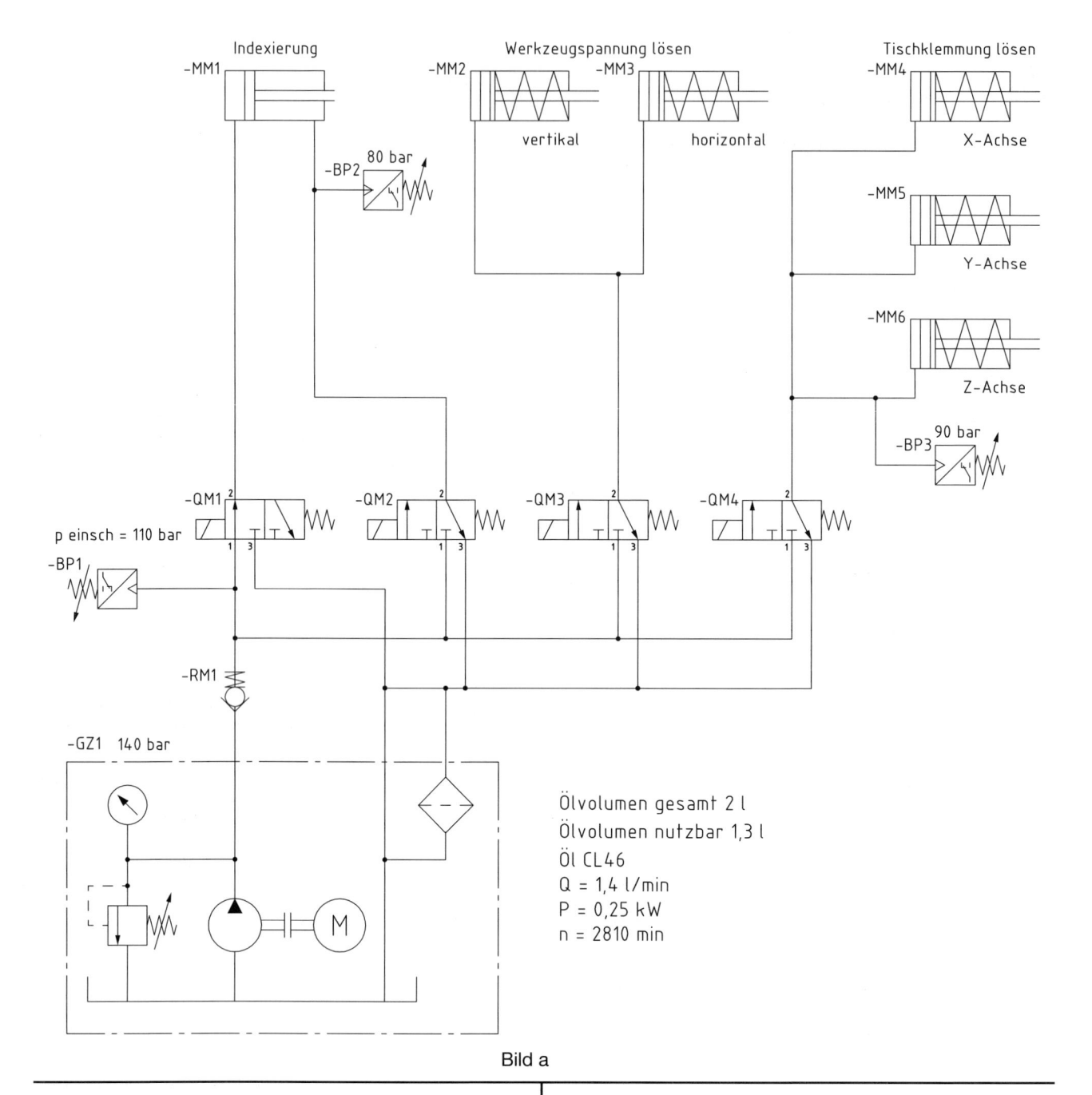

18

Bild a. Die Maschinenunterlagen der Fräsmaschine enthalten u. a. den dargestellten Schaltplan. Wie viel Antriebsglieder enthält der Plan?

1. 2 Antriebsglieder
2. 3 Antriebsglieder
3. 4 Antriebsglieder
4. 5 Antriebsglieder
5. 6 Antriebsglieder

19

Bild a. In dem Schaltplan der Fräsmaschine befindet sich ein Bauteil mit der Bezeichnung -QM4. Bei diesem Bauteil handelt es sich um ein

1. 2/2-Wegeventil.
2. 3/2-Wegeventil.
3. 3/3-Wegeventil.
4. 4/2-Wegeventil.
5. 4/3-Wegeventil.

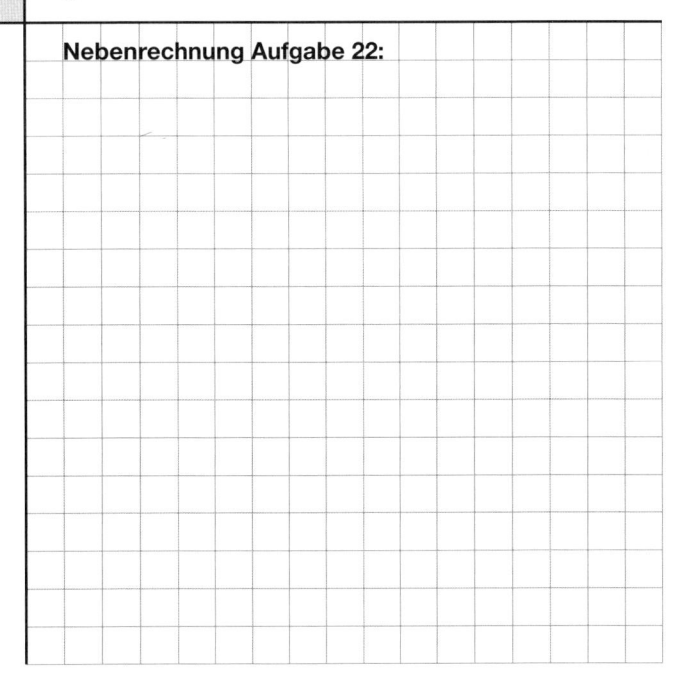

20 nicht abwählbar!

Das 10+0,2 mm breite Langloch soll mit einem Langlochfräser ⌀ 10 mm in 4 Schnitten mit einer Vorschubgeschwindigkeit von v_f = 120 mm/min gefertigt werden. Errechnen Sie die Hauptnutzungszeit t_h.

1. t_h = 0,21 min
2. t_h = 0,28 min
3. t_h = 0,83 min
4. t_h = 1,65 min
5. t_h = 2,10 min

Bitte beachten Sie:

Sie erhalten den Auftrag, die Schleifteile zu fertigen.
Die folgenden Aufgaben 21 bis 23 beziehen sich auf die Pos.-Nrn. 3 und 4 der Zeichnung Blatt 2(2).

21

Die verwendeten Walzenstirnfräser aus Schnellarbeitsstahl zeigen Verschleißmerkmale und müssen nachgeschliffen werden. Dazu werden Schleifteller mit ⌀ 120 mm verwendet. In welcher Auswahlantwort sind die richtigen Richtwerte für den Schleifteller angegeben?

	Schleifmittel	Körnung	Härte
1	A	80	M
2	A	46	K
3	A	60	M
4	C	46	H
5	C	54	K

22

Die Schnittgeschwindigkeit einer Schleifscheibe darf v_c = 25,0 m/s nicht unterschreiten. Die Umdrehungsfrequenz der Schleifspindel beträgt n_s = 2 800 min^{-1}. Die Schleifscheibe hat einen Durchmesser von d = 300 mm. Bei welchem Durchmesser d (in mm) muss die Schleifscheibe ausgewechselt werden?

1. d = 36 mm
2. d = 74 mm
3. d = 123 mm
4. d = 170 mm
5. d = 200 mm

23

Welche der genannten Spannmöglichkeiten gewährleistet beim Außen-Rundschleifen einer Welle den besten Rundlauf?

1. Spannen in zwei Spannzangen
2. Spannen in Dreibackenfutter und fester Spitze
3. Spannen zwischen zwei mitlaufenden Spitzen
4. Spannen in Vierbackenfutter und mitlaufender Spitze
5. Spannen zwischen fest stehenden Spitzen

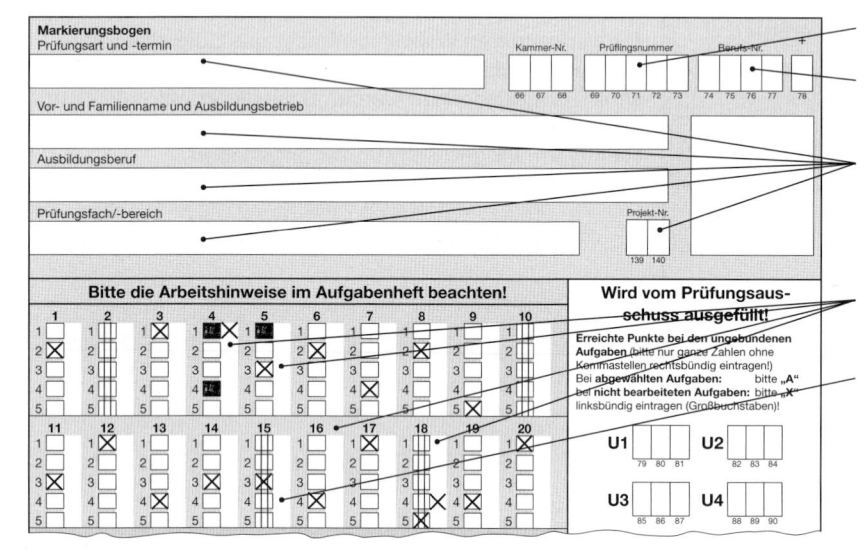

Prüflingsnummer				

Vor- und Familienname

Industrie- und Handelskammer

Abschlussprüfung Teil 1

Zerspanungsmechaniker/-in

Berufs-Nr. **4 0 0 0**

Schriftliche Aufgabenstellungen

Teil B

Musterprüfung

M 4000 K2

© 2017, IHK Region Stuttgart, alle Rechte vorbehalten

IHK PAL - Prüfungsaufgaben- und Lehrmittelentwicklungsstelle
IHK Region Stuttgart

Vorgabezeit: Insgesamt 90 min für Teil A und Teil B

Hilfsmittel: Formelsammlungen, Tabellenbücher, Zeichenwerkzeuge und nicht programmierter, netzunabhängiger Taschenrechner ohne Kommunikationsmöglichkeit mit Dritten

Sehr geehrter Prüfling,

bevor Sie mit der Bearbeitung der Aufgaben beginnen, lesen Sie bitte **sorgfältig** die folgenden Hinweise.

1 Allgemeines

Der Aufgabensatz für den Prüfungsbereich **Schriftliche Aufgabenstellungen** besteht aus:

- Teil A mit 23 gebundenen Aufgaben (also mit vorgegebenen Auswahlantworten)
- Teil B mit 8 ungebundenen Aufgaben (die Sie mit Ihren eigenen Worten in möglichst kurzen Sätzen beantworten müssen)
- Anlage(n): 2 Blatt im Format A4 für Teil A und Teil B
- Markierungsbogen (grau-weiß)

Für die Ermittlung Ihrer Prüfungsleistungen werden der grau-weiße Markierungsbogen von Teil A, das Aufgabenheft Teil B und gegebenenfalls die Anlage(n) zugrunde gelegt.

Am Ende der Vorgabezeit von 90 min müssen Sie den Aufgabensatz der Prüfungsaufsicht übergeben.

Bei zeichnerischen Darstellungen gilt die Projektionsmethode 1 (⌐⊕).

2 Hinweise für Teil B (dieses Heft)

Tragen Sie bitte vor Beginn der Bearbeitung der Aufgaben auf der Titelseite **dieses Hefts** und gegebenenfalls auf der/den **Anlage(n)** die dort geforderten Angaben ein:

- Die Ihnen mit der Einladung zur Prüfung mitgeteilte Prüfungsnummer
- Ihren Vor- und Familiennamen

Prüfen Sie danach, ob dieses Heft 8 Aufgaben und 2 Anlage(n) enthält. Informieren Sie bei Unstimmigkeiten **sofort** die Prüfungsaufsicht. **Reklamationen nach dem Schluss der Prüfung werden nicht anerkannt.**

Bearbeiten Sie die Aufgaben, wo möglich, mit kurzen Sätzen.

Bei mathematischen Aufgaben ist der vollständige Rechengang (Formel, Ansatz, Ergebnis, Einheit) in dem dafür vorgesehenen Feld auszuführen.

Geben Sie in dem unten vorgedruckten Feld an, welche Tabellenbücher Sie verwendet haben.

Bei der Bearbeitung der Aufgaben wurden folgende Tabellenbücher verwendet:

Ihre Industrie- und Handelskammer wünscht Ihnen viel Erfolg!

Dieser Prüfungsaufgabensatz wurde von einem überregionalen nach § 40 Abs. 2 BBiG zusammengesetzten Ausschuss beschlossen. Er wurde für die Prüfungsabwicklung und -abnahme im Rahmen der Ausbildungsprüfungen entwickelt. Weder der Prüfungsaufgabensatz noch darauf basierende Produkte sind für den freien Wirtschaftsverkehr bestimmt.

Beispielhafte Hinweise auf bestimmte Produkte erfolgen ausschließlich zum Veranschaulichen der Produktanforderung beziehungsweise zum Verständnis der jeweiligen Prüfungsaufgabe. Diese Hinweise haben keinen bindenden Produktcharakter.

Zertifiziertes Qualitätsmanagement nach DIN ISO 9001

Prüfungsaufgaben-Beschreibung

Sie haben die Bauteile nach Zeichnung zu fertigen. Die ungebundenen Aufgaben beziehen sich auf die Vorbereitung und Fertigung der Teile.

U1

Für das Drehteil wird ein Automatenstahl 11SMn30+C verwendet.
Nennen Sie drei Vorteile, die sich bei der Zerspanung dieses Werkstoffs ergeben.

Bewertung (10 bis 0 Punkte)

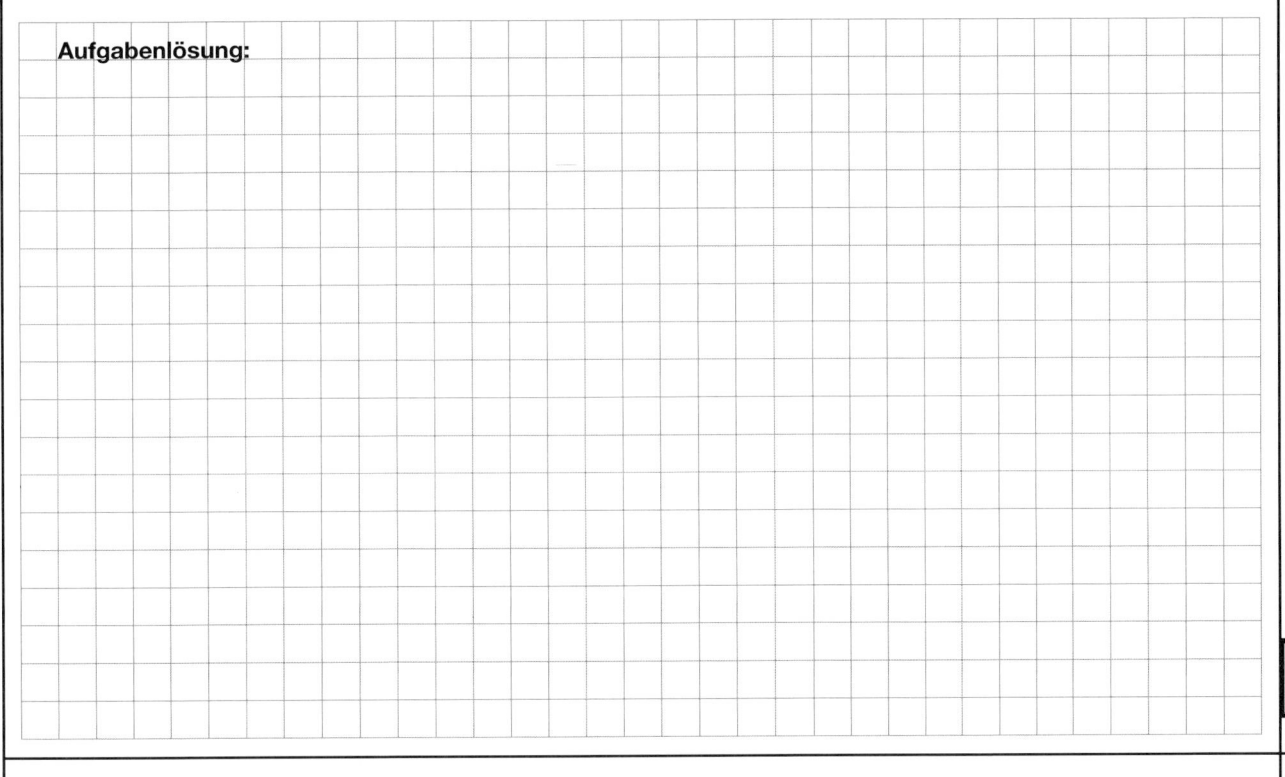

Aufgabenlösung:

Ergebnis U1

Punkte

U2

Höchst- und Mindestmaß der Nut 35H7 am Flachschleifteil (Pos.-Nr. 3) sollen durch Parallelendmaße von Normalsätzen geprüft werden.
Geben Sie für diese Grenzmaße die erforderlichen Endmaße an.

Maßbildungsreihe	Blöcke		Stufung von Block zu Block
	Anzahl	Größe	
1	9	1,001 – 1,009	0,001
2	9	1,01 – 1,09	0,01
3	9	1,1 – 1,9	0,1
4	9	1 – 9	1
5	9	10 – 90	10

Aufgabenlösung:

Ergebnis U2

Punkte

U3

Die Wahl der Schnittgeschwindigkeit beim Drehen, Fräsen, Bohren ist unter anderem auch abhängig vom Schneidstoff.

1. Erklären Sie den Begriff der Warmhärte von Schneidstoffen.
2. Geben Sie zwei Schneidstoffe mit der Kenngröße (Temperatur) für die Warmhärte an.

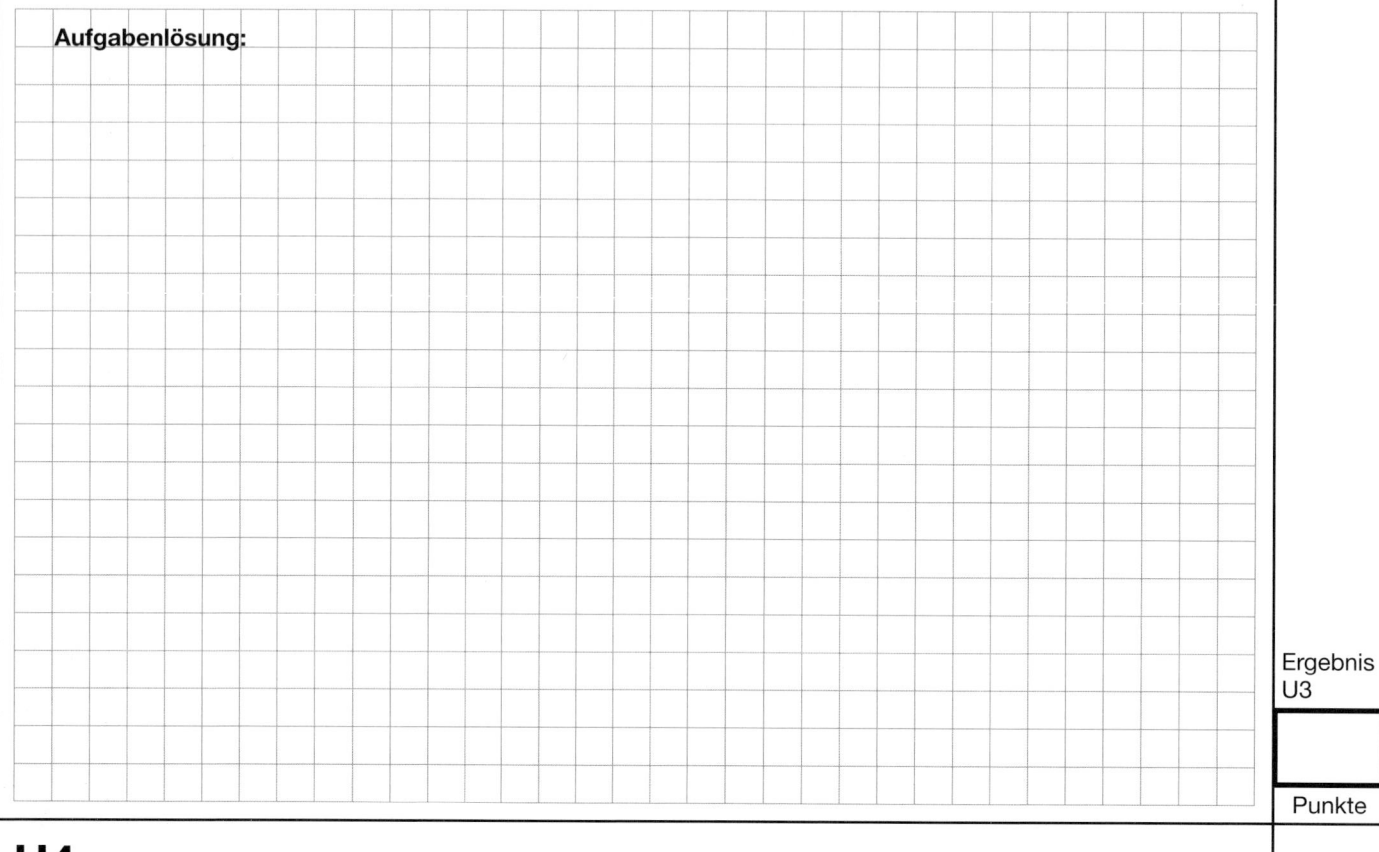

Aufgabenlösung:

U4

In Ihrem Unternehmen soll das Rohmaterial für das Frästeil (Pos.-Nr. 1) beschafft werden.
Berechnen Sie die Materialkosten einschließlich Mehrwertsteuer für 15 Prüfstücke.

Dichte für Stahl: 7,85 kg/dm³
Zugabe für Verschnitt: 400 mm
Materialpreis: 1,95 EUR/kg
Mehrwertsteuer: 19 %

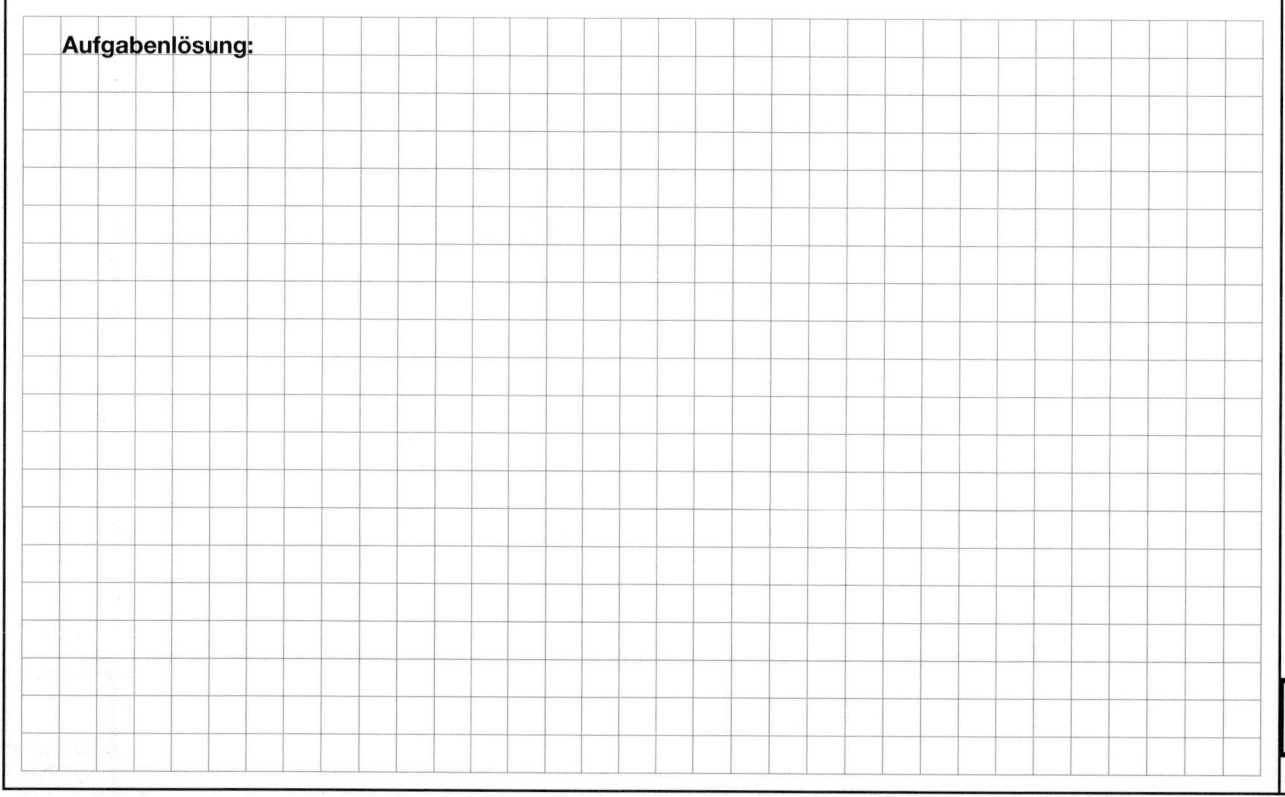

Aufgabenlösung:

U5

Am Frästeil (Pos.-Nr. 1) ist ein Gewinde M8 herzustellen.
Erklären Sie die Gewindebezeichnung M8 und geben Sie die Gewindesteigung, den Flankenwinkel und die Größe der Kernlochbohrung an.

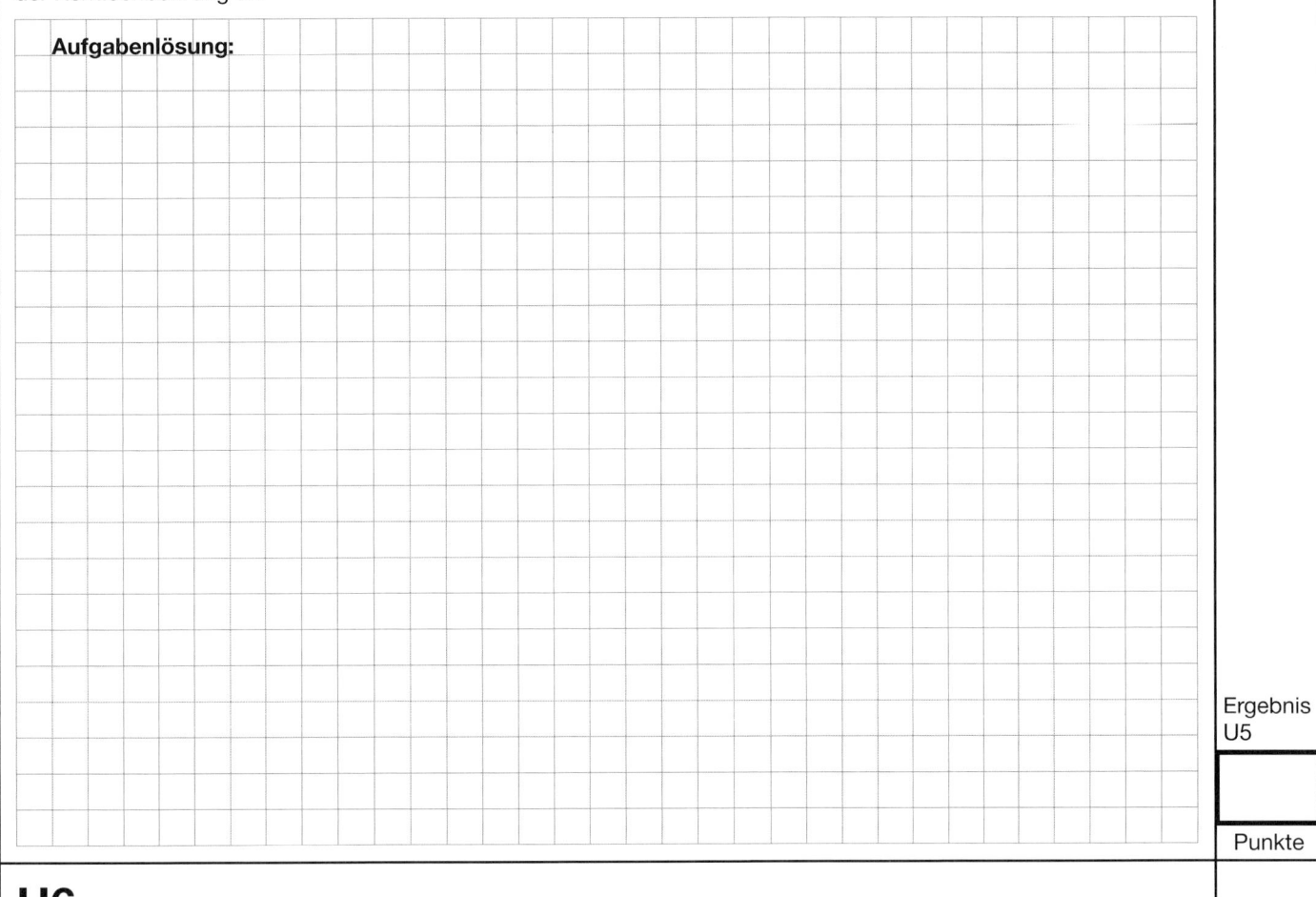

Aufgabenlösung:

U6

Am Drehteil (Pos.-Nr. 2) soll der ⌀ 58−0,05 mit einem Hartmetall-Drehmeißel vorgedreht werden. An der Drehmaschine können folgende Umdrehungsfrequenzen eingestellt werden:
$n = 500 - 710 - 1000 - 1400 - 2000 - 2800 \text{ min}^{-1}$

1. Berechnen Sie die Umdrehungsfrequenz bei einer gewählten Schnittgeschwindigkeit $v_c = 230$ m/min.

2. Welche Umdrehungsfrequenz stellen Sie ein?

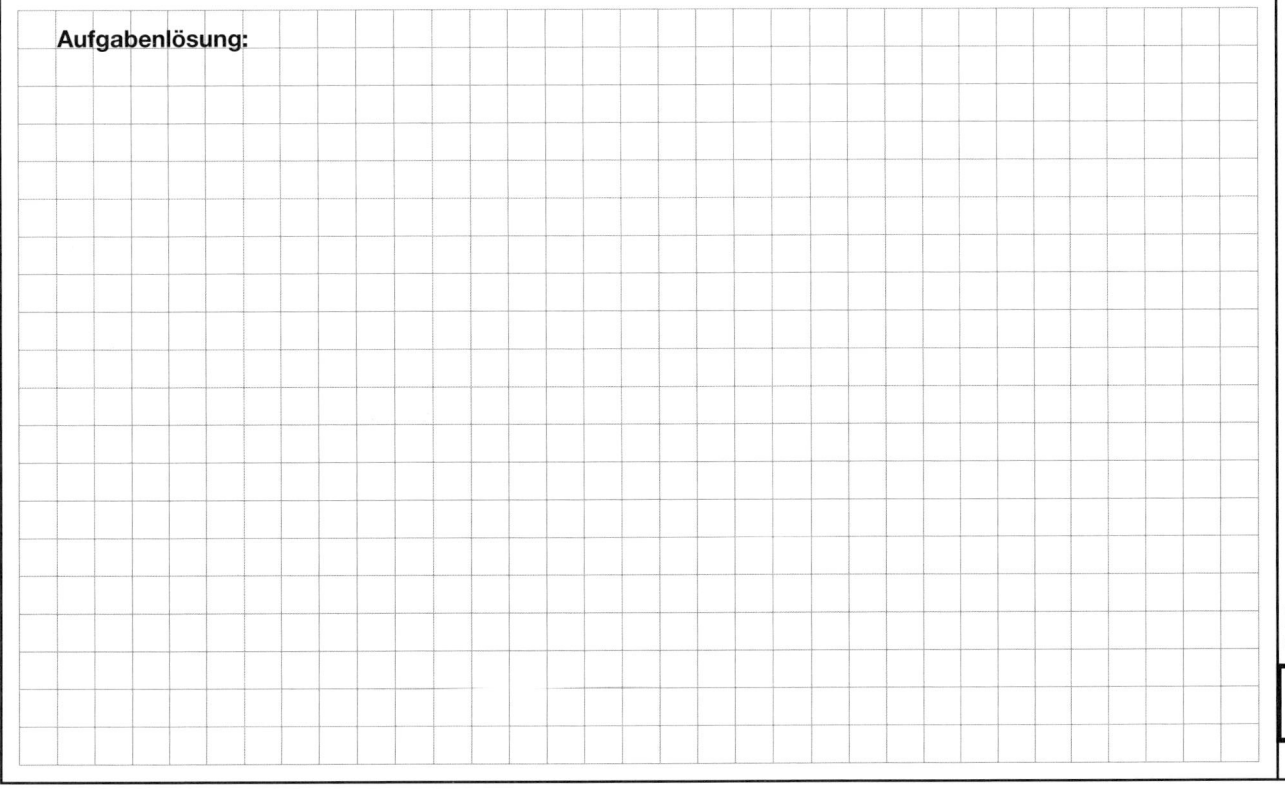

Aufgabenlösung:

U7

Das Drehteil (Pos.-Nr. 2) ist entsprechend der Zeichnung nach ISO 2768-m zu fertigen.

1. Wofür steht die Abkürzung ISO?
2. Was bedeutet die Angabe m?
3. Bestimmen Sie die Maße, die nach ISO 2768-m gefertigt werden und geben Sie die Grenzabmaße mit an. Fasen und Radien sind nicht anzugeben.

Aufgabenlösung:

Ergebnis U7

Punkte

U8

Die Fertigung der Bauteile wird an Werkzeugmaschinen durchgeführt.
Geben Sie drei Regeln an, die bei der Wartung einer Werkzeugmaschine zu beachten sind.

Aufgabenlösung:

Ergebnis U8

Punkte

Wird vom Prüfungsausschuss ausgefüllt.

Erreichte Punkte bei den ungebundenen Aufgaben

max. 80 Punkte

Die Ergebnisse **U1** bis **U8** bitte in die dafür vorgesehenen Felder des **grau-weißen** Markierungsbogens eintragen!

Datum   Prüfungsausschuss

INDUSTRIE- UND HANDELSKAMMER

Lösungsschablone-Nr.: M 4000 L1

Abschlussprüfung Teil 1: Musterprüfung

Ausbildungsberuf: Zerspanungsmechaniker/-in

Schriftliche Aufgabenstellungen Teil A

1	2	3	4	5	6	7	8	9	10
.	.	(•)	.	.	.	.	(•)	.	.
.	.	.	(•)	(•)	.	.	.	.	.
.	.	.	.	.	(•)	.	.	.	.
.	(•)	.	.	.	.	(•)	.	(•)	(•)
(•)	.	.	.	.	.	.	.	.	.

11	12	13	14	15	16	17	18	19	20
.	.	.	.	.	.	.	.	.	.
.	.	(•)	.	.	.	(•)	.	(•)	.
(•)	.	.	.	.	.	.	.	.	(•)
.	(•)	.	.	(•)	.	.	.	.	.
.	.	.	(•)	.	(•)	.	(•)	.	.

21	22	23
.	.	.
(•)	.	.
.	.	.
.	(•)	.
.	.	(•)

Schriftliche Aufgabenstellungen

Der Aufgabensatz enthält:

– 23 gebundene Aufgaben,
  3 Abwahl, 6 nicht abwählbar,
  à 1 Punkt = 20 Punkte

– 8 ungebundene Aufgaben,
  0 Abwahl,
  à 10 Punkte = 80 Punkte

Die 8 Einzelergebnisse im Aufgabenheft Teil B sind in den grau-weißen Markierungsbogen in die Felder U1 bis U8 zu übertragen.

Zur manuellen Ermittlung des Ergebnisses der **Schriftlichen Aufgabenstellungen** ist in den Markierungsbogen einzutragen:

Divisor A: 0,4
Divisor B: 1,6

Dies ergibt die Gewichtung

Schriftliche Aufgaben-
stellungen Teil A: 50 %

Schriftliche Aufgaben-
stellungen Teil B: 50 %

Hinweis:

– Vom Prüfling sind **20 von 23 Aufgaben zu bearbeiten**

– Sollten vom Prüfling **keine Aufgaben abgewählt** worden sein, sind die **letzten 3 abwählbaren Aufgaben** zu **streichen**

– Folgende **6 Aufgaben** sind **nicht abwählbar**:

  3 7 8 9 15 20

– Werden vorgenannte Aufgaben vom Prüfling **abgewählt**, sind diese als **nicht gelöst** zu werten

Industrie- und Handelskammer

Abschlussprüfung Teil 1

Zerspanungsmechaniker/-in

Berufs-Nr.
4 0 0 0

Schriftliche Aufgabenstellungen

Lösungsvorschläge für den Prüfungsausschuss

Musterprüfung

M 4000 L

PAL - Prüfungsaufgaben- und Lehrmittelentwicklungsstelle
IHK Region Stuttgart

© 2017, IHK Region Stuttgart, alle Rechte vorbehalten

1 Lösungsschablonen/-vorschläge für den Prüfungsausschuss

1.1 Lösungsschablone Schriftliche Aufgabenstellungen Teil A
1.2 Heft Lösungsvorschläge mit rot
 – Schriftliche Aufgabenstellungen Teil B
 (sind im vorliegenden Heft zusammengefasst)

Lösungsvarianten sind möglich!
Sinngemäß richtige Lösungen sind voll zu bewerten.

Dieser Prüfungsaufgabensatz wurde von einem überregionalen nach § 40 Abs. 2 BBiG zusammengesetzten Ausschuss beschlossen. Er wurde für die Prüfungsabwicklung und -abnahme im Rahmen der Ausbildungsprüfungen entwickelt. Weder der Prüfungsaufgabensatz noch darauf basierende Produkte sind für den freien Wirtschaftsverkehr bestimmt.

Zertifiziertes Qualitätsmanagement
nach DIN ISO 9001

IHK
Abschlussprüfung Teil 1 – Musterprüfung

Schriftliche Aufgabenstellungen Teil B Lösungsvorschläge	Zerspanungsmechaniker/-in

U1
– Gute Zerspanbarkeit
– Kurzbrüchigkeit der Späne
– Saubere Oberflächen
– Höhere Standzeiten
– Vermeidung von Band- und Wirrspänen

U2

35,025 (Höchstmaß)	35,000 (Mindestmaß)
30,000	30,000
3,000	5,000
1,020	
1,005	

U3

1. Unter Warmhärte versteht man den Temperaturbereich, bis zu dessen Erreichen kein merklicher Härteabbau des Schneidstoffs stattgefunden hat.

2. – Niedrig legierte Werkzeugstähle ~ 400 °C
   – Hochleistungsschnellarbeitsstähle ~ 600 °C
   – Hartmetalle ~ 1 000 °C
   – Schneidkeramik ~ 1 200 °C

U4

Gesamtlänge
$L = 112$ mm · 15 St. + 400 mm Verschnitt
$L = 2\,080$ mm
$L = 20,8$ dm

$m = l \cdot b \cdot L \cdot \varrho$

$m = 0,6$ dm $\cdot\, 0,3$ dm $\cdot\, 20,80$ dm $\cdot\, 7,85 \dfrac{\text{kg}}{\text{dm}^3}$

$m = 29,39$ kg

Netto-Preis = 29,39 kg · 1,95 $\dfrac{\text{EUR}}{\text{kg}}$

Netto-Preis = 57,31 EUR

Brutto-Preis = 57,31 EUR · 1,19
Brutto-Preis = 68,20 EUR

U5

M = Metrisches Gewinde
8 = Nenndurchmesser
1,25 = Steigung
60° = Flankenwinkel
6,8 = Kernlochdurchmesser

U6

1. $n = \dfrac{v_c}{\pi \cdot d}$

   $n = \dfrac{230 \text{ m/min}}{\pi \cdot 0{,}06 \text{ m}}$

   $\underline{\underline{n = 1\,220 \text{ min}^{-1}}}$

2. $n_{gew} = 1\,000 \text{ min}^{-1}$

U7

1. Internationale Organisation für Normung (International Organisation for Standardization)
2. Toleranzklasse mittel
3. ⌀ 8,5±0,2   ⌀ 35±0,3   ⌀ 48±0,3
   Länge 90±0,3   Länge 13±0,2   Länge 7±0,2

U8

– Nur zugelassene Schmierstoffe verwenden
– Schmierstelle sauber halten
– Betriebsanweisung des Herstellers über Schmierintervalle beachten
– Führungen von Schmutz und Spänen säubern, ggf. kontrollieren und nachstellen
– Führungen nicht mit Druckluft und fasernden Putztüchern reinigen

Markierungsbogen

Prüfungsart und -termin

Vor- und Familienname und Ausbildungsbetrieb

Ausbildungsberuf

Prüfungsfach/-bereich

Kammer-Nr. (66 67 68) | Prüflingsnummer (69 70 71 72 73) | Berufs-Nr. (74 75 76 77) | + 1 (78)

Projekt-Nr. (139 140)

Bitte die Arbeitshinweise im Aufgabenheft beachten!

Aufgaben 1–65, jeweils mit Antwortfeldern 1 bis 5.

Wird vom Prüfungsausschuss ausgefüllt!

Erreichte Punkte bei den ungebundenen Aufgaben (bitte nur ganze Zahlen ohne Kommastellen rechtsbündig eintragen!).
Bei **abgewählten Aufgaben:** bitte „A"
bei **nicht bearbeiteten Aufgaben:** bitte „X"
linksbündig eintragen (Großbuchstaben)!

- U 1 (79 80 81) — U 2 (82 83 84)
- U 3 (85 86 87) — U 4 (88 89 90)
- U 5 (91 92 93) — U 6 (94 95 96)
- U 7 (97 98 99) — U 8 (100 101 102)
- U 9 (103 104 105) — U 10 (106 107 108)
- U 11 (109 110 111) — U 12 (112 113 114)
- U 13 (115 116 117) — U 14 (118 119 120)
- U 15 (121 122 123) — U 16 (124 125 126)
- U 17 (127 128 129) — U 18 (130 131 132)
- U 19 (133 134 135) — U 20 (136 137 138)

Faktor/Divisor gemäß Lösungsschablone

Anzahl der richtig gelösten gebundenen Aufgaben (141 142 143) ◯ A = Punkte A

Erreichte Punkte bei den ungebundenen Aufgaben (144 145 146) ◯ B = Punkte B

Summe Punkte A + B

Die Ergebnisse müssen auf zwei Nachkommastellen kaufmännisch gerundet eingetragen werden.

Ergebnis in Punkten (max. 100)

Datum _____ Unterschriften/Prüfungsausschuss

IHK-GfI Form Fach 1 / 2013

Industrie- und Handelskammer

Abschlussprüfung Teil 1

Zerspanungsmechaniker/-in

Berufs-Nr.
4 0 0 0

Schriftliche Aufgabenstellungen

Hinweise für die Kammer

Richtlinien für den Prüfungsausschuss

Musterprüfung

M 4000 R

PAL - Prüfungsaufgaben- und Lehrmittelentwicklungsstelle
IHK Region Stuttgart

© 2017, IHK Region Stuttgart, alle Rechte vorbehalten

Prüfungsaufgabensatz

Der Prüfungsaufgabensatz für die Schriftlichen Aufgabenstellungen besteht aus folgenden Unterlagen:

1   Allgemein

1.1	Hinweise für die Kammer Richtlinien für den Prüfungsausschuss (sind im vorliegenden Heft zusammengefasst)	rot
1.2	Stellungnahme des Prüfungsausschusses (Zugangsdaten erhalten Sie über Ihre zuständige Industrie- und Handelskammer/Handwerkskammer)	Onlineformular

2   Lösungsschablonen/-vorschläge für den Prüfungsausschuss

2.1	Lösungsschablone Schriftliche Aufgabenstellungen Teil A	
2.2	Heft Lösungsvorschläge mit – Schriftliche Aufgabenstellungen Teil B	rot

Die Lösungsschablonen der gebundenen Aufgaben und die Lösungsvorschläge der ungebundenen Aufgaben werden am Tag der Prüfung bereitgestellt.

3   Schriftliche Aufgabenstellungen

3.1	Heft Schriftliche Aufgabenstellungen Teil A	weiß
3.2	Heft Schriftliche Aufgabenstellungen Teil B	weiß
3.3	Anlage(n): 2 Blatt im Format A4 für Teil A und Teil B	weiß
3.4	Markierungsbogen	grau-weiß

Dieser Prüfungsaufgabensatz wurde von einem überregionalen nach § 40 Abs. 2 BBiG zusammengesetzten Ausschuss beschlossen. Er wurde für die Prüfungsabwicklung und -abnahme im Rahmen der Ausbildungsprüfungen entwickelt. Weder der Prüfungsaufgabensatz noch darauf basierende Produkte sind für den freien Wirtschaftsverkehr bestimmt.

Zertifiziertes Qualitätsmanagement nach DIN ISO 9001

Internet: www.ihk-pal.de

1 Hinweise zur Abschlussprüfung Teil 1

1.1 Allgemein

Die Prüfung besteht aus der Ausführung einer komplexen Arbeitsaufgabe, die situative Gesprächsphasen und schriftliche Aufgabenstellungen beinhaltet. Die einzelnen Prüfungsbereiche stehen in einem engen thematischen und zeitlichen Bezug zueinander.

Die Anforderungen sollen durch Bearbeiten eines kombinierten Fertigungsauftrags aus den Bereichen Dreh-Frästechnik, Dreh-Schleiftechnik oder Fräs-Schleiftechnik nachgewiesen werden.

Gestreckte Abschlussprüfung Zerspanungsmechaniker/-in Teil 1 und 2			
Abschlussprüfung Teil 1 Gewichtung 40 %		**Abschlussprüfung Teil 2 Gewichtung 60 %**	
Arbeitsaufgabe mit situativen Gesprächsphasen	Schriftliche Aufgabenstellungen	Praktische Aufgabe	
Gewichtung: 50 % Vorgabezeit: 6,5 h	Gewichtung: 50 % Vorgabezeit: 1,5 h	Gewichtung: 50 % Gesamtvorgabezeit: 14 h	Gewichtung: 50 % Gesamtvorgabezeit: 4 h 30 min
– **Durchführung Arbeitsaufgabe mit situativen Gesprächsphasen**	– **Teil A** Gewichtung: 50 % 23 gebundene Aufgaben 3 zur Abwahl 6 keine Abwahl möglich: 3 Aufgaben zur Mathematik 3 Aufgaben zur Technischen Kommunikation – **Teil B** Gewichtung: 50 % 8 ungebundene Aufgaben keine Abwahl möglich	– **Vor- und Nachbereitung** Vorgabezeit: 8 h – **Durchführung praktische Aufgabe** Vorgabezeit: 6 h	Struktur der schriftlichen Aufgabenstellungen siehe nächste Seite.
Phasen / Gewichtung Planung / 10 % Durchführung / 75 % Kontrolle / 10 % Situative Gesprächsphasen (max. 10 min) / 5 %		Phasen / Gewichtung Planung / 10 % Durchführung / 70 % Kontrolle / 20 % Begleitendes Fachgespräch (max. 20 min) / Den Phasen zugeordnet	

Gliederung der gestreckten Abschlussprüfung mit Aufteilung in Teil 1 und Teil 2 sowie Gewichtungen und Vorgabezeiten

Schriftliche Abschlussprüfung Teil 2
Zerspanungsmechaniker/-in

Auftrags- und Funktionsanalyse			Fertigungstechnik			Wirtschafts- und Sozialkunde	
Gewichtung: 40 %			Gewichtung: 40 %			Gewichtung: 20 %	
Vorgabezeit: 105 min			Vorgabezeit: 105 min			Vorgabezeit: 60 min	
						Es werden evtl. Anlagen verwendet.	
Konventionell gefertigte Baugruppe (Projekt 1) Es wird ein Zeichnungssatz verwendet (zusätzliche Zeichnungen bei den gebundenen Aufgaben möglich).	Heft K1/P1 (weiß)	**Gebundene Aufgaben** 1–14 (3 zur Abwahl) (4 nicht abwählbar)		Heft K4/P1 (grün)	**Gebundene Aufgaben** 1–14 (3 zur Abwahl) (4 nicht abwählbar)	Heft K10 (blau)	**Gebundene Aufgaben** 1–18 (3 zur Abwahl)
	Heft K2/P1 (weiß)	**Ungebundene Aufgaben** U1–U4 (keine Abwahl möglich)		Heft K5/P1 (grün)	**Ungebundene Aufgaben** U1–U4 (keine Abwahl möglich)		**Ungebundene Aufgaben** U1–U6 (1 zur Abwahl)
CNC-gefertigtes Bauteil (Projekt 2 o. 3) Es wird je ein Zeichnungssatz – wahlweise Drehen oder Fräsen – verwendet (zusätzliche Zeichnungen bei den gebundenen Aufgaben möglich).	**Drehen – Projekt 2**	Heft K1/P2 (weiß)	**CNC-Programm** 2 Ergebnisse im 10- bzw. 100-Pkt.-Schlüssel	Heft K4/P2 (grün)	**Gebundene Aufgaben** 1–14 (keine Abwahl möglich)		
				Heft K5/P2 (grün)	**Ungebundene Aufgaben** U1–U4 (keine Abwahl möglich)		
	Fräsen – Projekt 3	Heft K1/P3 (weiß)	**CNC-Programm** 2 Ergebnisse im 10- bzw. 100-Pkt.-Schlüssel	Heft K4/P3 (grün)	**Gebundene Aufgaben** 1–14 (keine Abwahl möglich)		
				Heft K5/P3 (grün)	**Ungebundene Aufgaben** U1–U4 (keine Abwahl möglich)		

Projekt 1: Auftrags- und Funktionsanalyse; Ergebnisse werden in die Felder U1–U4 eingetragen
Fertigungstechnik; Ergebnisse werden in die Felder U1–U4 eingetragen

Projekt 2: Auftrags- und Funktionsanalyse; 2 Ergebnisse im 10- bzw. 100-Pkt.-Schlüssel werden in die Felder U1–U2 eingetragen
Fertigungstechnik; Ergebnisse werden in die Felder U1–U4 eingetragen

Projekt 3: Auftrags- und Funktionsanalyse; 2 Ergebnisse im 10- bzw. 100-Pkt.-Schlüssel werden in die Felder U1–U2 eingetragen
Fertigungstechnik; Ergebnisse werden in die Felder U1–U4 eingetragen

2 Bewertung der Prüfungsleistungen

Die ausgegebenen Unterlagen sind nach Ablauf der Vorgabezeit vom Prüfling mit seinen Lösungen abzugeben. Die Prüflingsnummer sowie der Vor- und Familienname sind sofort nach Erhalt vom Prüfungsausschuss zu überprüfen.

2.1 Bewertung der ungebundenen Aufgaben

Die Bewertung der ungebundenen Aufgaben erfolgt direkt im Aufgabenheft unter Zuhilfenahme der Lösungsvorschläge. Andere Lösungen sind, falls fachlich richtig, entsprechend zu bewerten. Die Einzelergebnisse sind in den Markierungsbogen in die vorgegebenen Felder zu übertragen.

Für die Bewertung der ungebundenen Aufgaben empfiehlt der PAL-Fachausschuss den gleitenden Bewertungsschlüssel:

10 bis 0 Punkte (10 – 9 – 8 – 7 – 6 – 5 – 4 – 3 – 2 – 1 – 0 Punkte)

Auf Basis von § 24 Musterprüfungsordnung für die Durchführung von Abschluss- und Umschulungsprüfungen des Hauptausschusses des Bundesinstituts für Berufsbildung (BiBB) vom März 2007 sind die Prüfungsleistungen wie folgt zu bewerten:

Punkte	Bewertung
10	Eine den Anforderungen in besonderem Maße entsprechende Leistung
9	Eine den Anforderungen voll entsprechende Leistung
8	Eine den Anforderungen im Allgemeinen entsprechende Leistung
7	
6	Eine Leistung, die zwar Mängel aufweist, aber den Anforderungen noch entspricht
5	
4	Eine Leistung, die den Anforderungen nicht entspricht, jedoch erkennen lässt, dass Grundkenntnisse vorhanden sind
3	
2	Eine Leistung, die den Anforderungen nicht entspricht und bei der selbst Grundkenntnisse fehlen
1	**oder**
0	keine Prüfungsleistung erbracht

2.2 Bewertung der gebundenen Aufgaben

Die Bewertung der gebundenen Aufgaben erfolgt auf der Basis des vom Prüfling ausgefüllten Markierungsbogens unter Zuhilfenahme der Lösungsschablone (Download).

2.2.1 Erläuterungen zur Bewertung der gebundenen Aufgaben

Aufgabe	Eintrag im Markierungsbogen	Lösung/Abwahl
1	eindeutig	2
2	eindeutig	4
3	eindeutig	4
4	eindeutig	4
5	eindeutig	5
6	eindeutig	2
7	nicht eindeutig	Aufgabe falsch beantwortet
8	nicht eindeutig	Aufgabe falsch beantwortet
9	nicht eindeutig	Aufgabe falsch beantwortet
10	nicht eindeutig	Aufgabe falsch beantwortet
11	eindeutig	Abwahl
12	eindeutig	Abwahl
13	eindeutig	Abwahl
14	eindeutig	Abwahl
15	eindeutig	2
16	eindeutig	3
17	eindeutig	4
18	eindeutig	2
19	eindeutig	2
20	eindeutig	Keine Lösung/keine Abwahl: Aufgabe falsch beantwortet